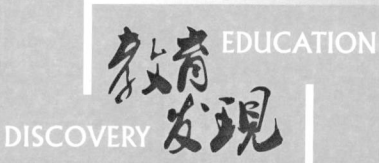

做 新 教 师 ， 从 教 育 发 现 开 始

做新教师，从教育发现开始

与儿子一起成长

妈妈当好培训师

孙翠珍 著

山东文艺出版社

妈妈们：

　　我写这本书的初衷是想以一个普通妈妈的身份告诉你们，在教育孩子的问题上并非只有很优秀的家长才能把孩子教育得非常出色，也不必压迫着孩子必须考上清华、北大，只要家长以身作则，做好自己，这就是最好的教育！

"忽悠班长"

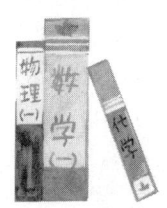

第四章　做好这些，成就孩子

第五章　单亲教育 195

序：做一个智慧的妈妈

谭旭东

　　近几年，市场上家教书漫天飞舞，让人眼花缭乱。究其原因，一是图书出版秩序混乱，跟风炒作，不讲文化责任。二是很多父母缺乏教子热情和耐心，不愿意用心于亲子教育，而希望获得省心省力的良方。事实上，家教没有多少秘诀，最重要的就是要实践，父母一定要身体力行，用心做父母，承担起应有的哺育孩子和教育孩子的责任。因此，真正的家教书一定不是空洞的理论和说教，而是切身的家庭教育经验。尹建莉的《好妈妈胜过好老师》之所以畅销，大概也是因为提供很多切身的鲜活的家教经验，感性，可读，而且有针对性，也能启发很多年轻的妈妈。

　　孙翠珍发来了她的家教书《与儿子一起成长：妈妈当好培训师》的电子稿，让我读一读，写个序言。说实在话，在家庭教育方面我有很多经验，但还算不上是专家。不过，因为研究儿童文学，也涉足语文教育，很关注儿童成长，写了很多童书，也被人称为"儿童教育专家"，但内心并不踏实，也不敢自称"家教专家"。读了《与儿子一起成长：妈妈当好培训师》，很喜欢这部书稿，我觉得它堪比尹建莉的《好妈妈胜过好老师》，甚至语言更流畅一些，经验更具体一些，也更具有代表性一些。尹建莉的优势，是她的学术背景，她毕业于北师大教育专业，获得了硕士学位，理论概括性强一些，能够从自身教子实践中提炼出家教的新观念。而孙翠珍虽然没有尹建莉这种教育专业的背景，但她不但有丰富的教子经验，还有多年开办培训班的经验，特别是她亲自转化了很多"问题孩子"，因此她能提炼出很有说服力也很有感染力的案例，让情感说话，让事实说话，不做高头讲章。如第一章《妈妈的言传身教》，每一节写得都很好，身教胜于言教，把爱示范给孩子，培养孩子的好习惯，不娇不宠，后天能力的培养，等等，娓娓道来，如数家珍，而且每阐述一些观点，就有亲身经历的事件，发生在身边的故事，她和儿子璐璐的事，因此，读起来毫不矫揉造作，更不无病呻吟。孙翠珍学历不高，属于自学成才，她投身于教育，与其说是为了生活，还不如说是顺应天性，她内心有爱，对孩子充满信心，对童心世界寄予厚望，因此每次接受学生，都会认真对待，细心呵护，悉心照顾，认真引导，并教出成效。

在家庭里，孙翠珍是一位好妈妈。在培训班里，在学校里，她是一位好老师，而且是一位把母爱与教育责任融为一体的好老师。她谈智商教育，谈情商教育，谈如何成就孩子，谈单亲孩子的教育，都注重融入生命体验，链接生活经验，把爱的情感渗透到文字里，让读者在接受新观念时，心灵受到感染，情感得到丰富。所以读《与儿子一起成长：妈妈当好培训师》，不止是一次教育培训，更是一次灵魂的洗礼，一次精神的提升。

去年以来，我应邀到各地做了多场亲子阅读的讲座，谈到了一些家庭教育的问题。根据我的观察和研究，中国家庭教育普遍存在三个问题：一是很多家庭以"隔代教育"取代"亲子教育"，即很多家庭不是父母教育孩子，而是让爷爷奶奶、姥姥姥爷来带孩子。二是很多家庭以"学校教育"取代"家庭教育"。不少父母，孩子上了幼儿园，就把所有的教育责任和希望寄托给了幼儿园；当孩子上了小学、中学，又把所有的教育责任推给了老师。其实，师生关系再好，老师再负责任，也无法替代父母。三是很多家庭以"物质满足"取代"精神满足"，父母乐于给予孩子物质，而不重视孩子的精神塑造。很多父母，愿意给孩子买好吃的、好穿的、好玩的，却不愿意给孩子买书，也不愿意和孩子一起读书，更不愿意和孩子做心灵上的沟通。因此，我们周围的很多家庭，孩子稍微长大一点，就会和父母之间有代沟，甚至孩子会很早叛逆。所以，每次给家长做讲座，我总会呼吁年轻的父母要重视亲子教育，要多多学习亲子教育经验，做有教育智慧的父母。

孙翠珍的《与儿子一起成长：妈妈当好培训师》这部书就展示了一位妈妈的教育智慧，也让人看到了亲子教育和家庭教育的希望。韩国一位叫张炳惠的妈妈，写了一本书，叫《好孩子99%靠妈妈》，今年已经由海天出版社出版，我写了推荐语。这本书在韩国很畅销，是作者50年教育经验的提炼，书中也提出了"父母才是最好的老师"、"教养得当，任何奇迹都有可能发生"、"好父母才能教育出好孩子"、"基础教育比超前教育更重要"等观点，孙翠珍的经验和观点与张炳惠不谋而合，但孙翠珍的教子经验更具体，更富有感染力。因此，读了《好孩子99%靠妈妈》，我对孙翠珍的《与儿子一起成长：妈妈当好培训师》这本书更有信心！

希望读者会喜爱这本书，期待有更多的智慧的妈妈！当然，也期待那些想做智慧的爸爸的人，也来好好读一读《与儿子一起成长：妈妈当好培训师》，用爱的行动来写一写爸爸与孩子的成长故事！

2014年初夏写于北京西山之麓

第一章

妈妈的言传身教

身教胜于言教

家长是孩子的镜子，这句话真不假。我常常看到一些孩子的言谈举止、说话的语气语调都与家长十分相似，甚至连为人处世的态度都一模一样。

一个孩子的妈妈是做生意的，平时精打细算。这个孩子在我的培训学校学习，做数学题的草稿写得密密麻麻，生怕漏掉一处空白，有时还用橡皮擦了再写。我在上课前喜欢跟孩子们谈一些家长里短，其实是想教给他们一些为人处世的方法，很少有孩子对这件事提出抗议，但这个孩子就不认同了。"老师，上课吧，已经超过五分钟了！这又浪费我们的钱了。"还有一次，我们为了参加区重点考试，在清明节补一天课。上午我们上了两个半小时的课。下午上课的时候，这个女孩子建议上一个半小时的课，说这样好算账。如果上两个小时的课，他们应该交几块几角。这个孩子愣是把学费精确到角。

这虽然是一件小事，但是，从这个孩子身上我们完全可以看出家长的影子。这，就是身教胜于言教。

我们一些家长一味强调孩子这样做、那样做，而自己却做不到。譬如，我在作文训练课留的作业是多读书，可家长却反映孩子在家根本就不读书。

为此，我专门做过几次调查，让孩子们写出妈妈在家做什么，问卷结果五花八门：有的写妈妈玩电脑，有的写妈妈玩手机，有的写妈妈看电视……这些妈妈们从来不想一想，你在那里玩，孩子能安心看书吗？妈妈都不喜欢看书，孩子能安心读书吗？这时，家长就是说再多让孩子看书的话都无济于事，因为家长的行动告诉孩子：电脑、手机、电视比书更有趣。

要想让孩子做到，家长首先得做到，否则家长的话没有说服力。

我的儿子璐璐在家的大部分时间里，我是不做家务的，而是陪着他。他做作业，我看书；他看书，我做题。每天给他讲故事是我必须做的功课。有时，我看自己的书，璐璐就在旁边催我说："妈妈，该给我讲故事了。"有时，我会故意说没时间，这时他就有意见了，抗议说："不行，该给我讲了。"有时，他会依偎着我，跟我一起看。这个时候璐璐还不能自己独立阅读。

就这样，在我的影响下，璐璐喜欢上了阅读，一直到他突然不喜欢让我给他念书后，我们才各自读自己的书。

一个上初二的男生经常会跟我说："老师，我会做书包，我喜欢设计，给洋娃娃做衣服。你要书包不？我给你做。"我听了很吃惊，心想一个大男生怎么会这么喜欢女生的事情，为了解其中缘由，便问："你为什么喜欢这些事情？"他很自豪地说："我妈妈是裁缝，我小的时候，妈妈经常做衣服，我觉得妈妈很厉害，会做衣服，便跟着玩，这样就喜欢上了。"我听了他的话恍然大悟，说："那你就好好学习，长大了当个设计师！"

这些事例都可以说明孩子不经意间在模仿大人做事情。所以，当孩子在家时，家长的言行一定要起到表率作用，不能随心所欲。

要想让孩子成为怎样的人，家长首先要去做这样的人。在我的教学生涯中，会遇到许多有困难的学生，我都会给予帮助。这样的事情我都会在饭桌上说，有时也会征求璐璐的意见。开始的时候，璐璐不是每次都配合，高兴的时候很支持我，但大多时候持反对意见，他会说："别人咋不这样做？"不管他的态度如何，我照样把我的事情说给他听。

让我感到欣慰的是，随着璐璐年龄的增长，他跟我一样具有同情心。每当遇到同学有困难，他就会主动积极帮助，在学校捐钱也总是最多的。让我很感动的是2008年四川地震，璐璐正好有事没去上学。当他听到同学说学校组织捐款时，他毫不犹豫地说："妈妈，把我的稿费捐出来。"璐璐说的稿费是他从小发表文章和参加征文比赛的1500多元奖金，一直不舍得花，我给他存在银行里。说实话，我不舍得，因为那是璐璐的心血，我有些自私的想法，就说："不给稿费。稿费你以后自己花。"璐璐见我抗议，就给我解释说："你不是一直很愿意帮助别人吗？现在四川地震了，我的稿费在这时候捐出去很有意义！"听了璐璐的话，我很感动，于是拨通他们班主任的电话，结果活动早已结束了。

这是正面影响，不好的一面同样也会对孩子产生潜移默化的影响。

从我记事起我的妈妈就是丢三落四的，长大的我也一样，用我们老家话说是个乱弹琴。我看过的书会随便丢在一边，可以说哪里都有我的书。衣服放得也很乱，有时不翻几个来回根本找不到。璐璐在我的"熏陶"下，书桌经常乱成一锅粥。我倒是不给他收拾，凡事凭他自己，就是想让他养成自己的事情自己做的习惯。

年轻时，我跟璐璐的老姑闹过矛盾，那时跟她说话的时候很不客气，有什么话就直截了当说出来，不管她是否喜欢听，总觉得对自己家人，无论怎样说都无所谓。而我当时忽略了璐璐的存在。璐璐上初一的时候，因为看不惯同学的虚情假意，愣是当着很多人的面把那个同学揭露出来，当时那个同学就跟璐璐翻了脸。璐璐回来把这件事告诉了我，我对他说："不要直截了当地指出别人的错误，要给对方留面子。"璐璐反驳我的话让我感触很深："你不也那样说我老姑吗？"

通过这件事，我更加意识到家长的言行对孩子是多么的重要！

璐璐在初二青春期的时候，瞬间对学习失去了兴趣，成绩一落千丈。我一下慌了神，连走路都摇摆，但我仍然抚平心绪认真工作，因为我怕我的消极情绪会给璐璐造成负面的影响。我要用我的行动告诉璐璐，在遇到困难时怎样去克服、去坚强！那时，我不但没有把我的培训垮掉，而且又扩大了规模。我用事实逐步引导璐璐走出困境。

那段时期过后，璐璐很少看书写作了。相比以前的优秀，他的落差非常大，即便是成人也需要一个过渡阶段，何况是个孩子。

为了再一次激发璐璐的写作兴趣，也为了告诉璐璐即使起点再低，只要努力也会成功的道理，我又做出一个可以说是不可能实现的决定。那一天，我告诉璐璐说："璐璐，妈妈给你一个承诺，争取在五年改变一下自己的身份，成为一个小作家。"在璐璐疑惑的眼神中，我开始了写作，在不到两年的时间里，我的童话发表了很多，与别人合作出版了童话合集……我的这些努力给了璐璐很大鼓励。我相信我会是璐璐学习的榜样，因为他从我的身上看到只要努力，一定会有收获！以前萎靡不振的璐璐，现在积极上进，分秒必争，每天最后一个进宿舍，第一个进教室，这样坚持了一年，成绩进步很大。尤其是数学成绩由以前的24分进步到135分。璐璐现在非常努力了，即使成绩不理想也不气馁，而是迅速调整自己，奋发向上，这让我非常感动。一个孩子有了这种不败的精神，就什么都有了！

总而言之，家长要想让自己的孩子优秀，自己必须给孩子做好榜样。身教比言传更有说服力！

妈妈手记

家长是孩子的第一任老师，也是最好的老师！在我们孕育了这个生命的时候，就要为他负责。这时，可以说我们就失去了自由，我们的言行有了约束，我们的肩上扛起了一个人的前途命运。家长的一言一行都会给孩子影响、启迪，都会是他们人生道路上有力的指挥棒！相信每一位家长都是爱孩子的，而真正的爱要从规范自己的言行开始！

把爱示范给孩子

　　一个孩子就是一个家庭的希望！父母对一个孩子命运的影响至关重要。孩子一生的幸福很大程度上取决于父母良好的教育和正确的引导。父母是孩子的第一任老师，要在孩子成长历程中给孩子施予爱，让孩子在爱中快乐地成长。

　　爱，是快乐的基础！如果一个孩子的骨子里冷酷，毫无同情心和爱心，那么，这个孩子一生都可能不会快乐。

　　做家长的我们要在孩子的心里播下一颗爱的种子，这颗种子会发芽、长大、开花、结果。孩子有了爱，他才会去爱自己、爱亲人、爱别人，才不会去伤害他人，甚至不利于社会。唯有有爱，我们的孩子才能体会到爱的温暖，体会到给予的快乐，才能健康地成长！

　　作为家长，我们要想让孩子健康快乐地成长，要想让孩子成为一个对社会有用的人，首先要教给他们如何去爱！

　　学习的渠道有很多，而最主要的一条是：父母以身作则，用自己的行动告诉孩子什么是爱，怎样去爱。

（一）以身作则

　　我是这样做的。凭着自己不断地努力，开了自己的培训学校。开班第一个月收的学费，我带着儿子给璐璐姥姥买了金耳环。当天晚上，我把耳环放在面前，跟儿子一起想象璐璐姥姥戴上耳环的开心情景。而当时的我们生活非常困难，孩子吃包方便面都得高兴三天。可我用自己的言行告诉了孩子，不管在什么情况下，我们首先要爱自己的妈妈。

平日里，我给璐璐姥姥足够的钱，不管她花不花，兜里总是鼓鼓的。璐璐姥姥吃的，用的，穿的，都是我跟孩子一起买来的。这一切，孩子都看在眼里。

当然了，以上的事例都是我爱我的妈妈，那婆婆呢？

爱要做到公平，否则就是自私。我们住在外地，婆婆第一次来我家时，孩子还小。那时家里很困难，别说是吃肉，吃菜也得精打细算。所以吃肉对孩子来说是件打牙祭的事情。可怜的是，我每次只能买回两个鸡腿，且故意买一个大的一个小的，分的时候，每次分给孩子的都是小的。孩子每次都会看看自己的，看看奶奶的。能看出来，他很不满意，但是，他没有反抗。我无声地告诉他：要尊老！

老家有三间老房，卖了四千元。第一次婆婆给我们寄来两千元。过了一段时间，婆婆又来信说要寄来另外的两千元。当时，这两千元钱我想留给婆婆花，可是当时我的家里也很困难，各方面都需要钱。因此，我有些犹豫。于是，我把这个决定权留给了璐璐，当时，璐璐上四年级。

一天，吃饭的时候，我对孩子说："儿子，你奶奶要给咱们寄来卖房的两千元钱。是寄来，还是留给奶奶花，由你决定。但是，奶奶花了，咱们就没钱花。"孩子想了想说："留给奶奶花。"听了孩子的话，我很欣慰！我觉得孩子学会了爱。这比什么都重要！

每当我遇到有困难的学生，我都会主动帮助。单亲家庭的孩子少收钱，家庭困难的孩子少收钱，甚至不收钱，这些我都会告诉璐璐。

一次，一个学生对我说："老师，我的一个同学很羡慕我学奥数，每次他都会问我在哪里学的。""那她为什么不学习呢？"我问。那个学生叹了口气说："她爸爸妈妈小时候都生过病，不能工作。"听了这个学生的话，看看她那同情的眼神，我马上决定，要帮助这个孩子。于是，我说："你去告诉她，来老师这里学习，不收学费。但是你不要告诉任何人。"

"真的♀"学生惊讶地问我。

我点了点头。

下一次上课，那个孩子来了，在我这里学习奥数和作文阅读，一直到初二。期间，我没收过她一分学费。

像这样的事情在我的生活中经常会发生。我的璐璐一开始经常反对，直到最后完全支持。

当然，璐璐也学会了爱。我家附近有一位老人独自生活。一天，璐璐对我说："妈妈，你有时间去照顾照顾那位奶奶多有意义啊!"

还有一次回老家过年，回去的那天刚好是除夕。璐璐穿着崭新的衣服可帅了，可是，不一会儿工夫衣服便脏兮兮的。原来璐璐在奶奶的门前帮奶奶干活，把长长的玉米秆一节一节地折成小节，为了让奶奶烧火的时候方便一些。这些细节有时我们大人都想不到，璐璐却做到了。看着脏兮兮的新衣服，我觉得是那样灿烂。

这一件件事情都告诉了我，我的孩子是一个很有爱的孩子，可我从来没有用铿锵有力的话告诉他说："儿子，要学会爱!"

我从没有用言语教他做什么，而他用行动告诉我，他是一个有爱的孩子。学校捐款，他尽量多捐；同学有困难，他热心帮助；给姥姥买衣服，一定买最好的。

有人说过这样的孩子不适合做买卖挣大钱。而我想：非得去挣大钱吗♀我们不要非得把自己的孩子培养成什么精英，只要我们的孩子感受到生活的快乐就是最成功的教育! 当一个孩子学会了爱，那种送人玫瑰，手留余香的感觉不比钱更珍贵吗♀再说了，不坑蒙拐骗就做不成商人了♀我不信!

（二）爱需要点点滴滴渗透

我在教学中会很自然地把爱融入其中。爱是点点滴滴的渗透，在家庭中也一样。

每次从老家拿回一些炒豆子，我都会分给我的学生吃。一次，我给每个孩子分五颗豆子，别的孩子都津津有味地吃起来，其中一个孩子没吃。我便去问他："你为什么不吃？太不给面子了，这么好的豆子！"他看看手中的豆子说："我留给妈妈吃。"

这正是我想要的一幕。我听了，故作惊讶状，一边摇头，一边说："你竟然想到了你的妈妈！"说完，我便抓起一大把说："好，那五颗留给妈妈，这一把给你吃。"其他同学看了，露出羡慕的神色，却没人抗议。为了鼓励他们这种想着妈妈的意识，在不长的时间里，我又给他们发豆子吃。这次可热闹了，孩子们都不吃了，都要留给妈妈。我只好每人都重复发出，然后给予表扬。我知道，绝大多数学生是为了再次得到豆子，但是，只要妈妈这粒种子已经种在他们心中，我想迟早会生根发芽的。

还记得有一次给四年级上年前最后一节课，我给学生留了一份特殊的作业：用压岁钱给爷爷奶奶、姥姥姥爷买礼物，过年后检查作业。年后第一节课，除了一个孩子外，其他同学都兴高采烈地把买礼物的过程告诉了我。没完成作业的那个同学含着眼泪看看我，脸红红的，然后低下头告诉我说："老师，我没完成。""告诉你妈妈了吗？"我问。他点点头。我什么也没说，偷偷把40元钱放进他的手里，说："回家完成作业。"他抬头看看我，没有拒绝。

下一次来上课，放学后，他把一个纸包塞进我的手里就跑出教室。我打开一看，里面有40元钱，还有一个小纸条。纸条上面写着："老师，妈妈给我钱了。我完成作业了。"当时，我反思自己的行为，是不是做得有些不给家长面子？但是我不后悔。我的目的就是告诉家长，作为家长应该配合老师教育孩子，这样家校之间的合作才能实现最有效果的教育！让我没想到的是，不长时间后，这个学生的家长拿着礼物专门来看了我。

要让一个孩子有爱，有爱心，家长要从平时的点点滴滴给孩子渗透，从身边做起，从爱自己的亲人做起。

家长眼光要长远，不要怕给了别人东西自己就没了，也不要觉得帮助了别人自己好像就吃亏了。一个有爱的人，也应该是一个积极进取的人。当一个人从帮助别人那里体会到那份予人玫瑰，手留余香的感觉，他就会为经常得到这样的快乐而努力。只有不断努力，自己的能力才会更强，才会去帮助更多的人，得到更多的快乐！

作为家长，要想你的孩子成才，首先要让孩子学会爱。一个没有爱的孩子是不会得到真正的快乐的！

爱，要从点点滴滴做起。

妈妈手记 一个人学会了爱，就会去爱。可是，爱会背负责任，要不断付出。而付出就得具备一定的能力。于是，爱就成了一个人奋发向上、不断进取的动力，这种动力会不断推动他去拼搏，使其在困难面前不退缩，做事坚持不懈。

给孩子传递正能量

　　家长的一言一行一定要给孩子传递正能量。这种能量对孩子日后的成长起着非同小可的作用。

　　一个人的成长道路不可能是一帆风顺的，在这个过程中，会遇到许多意想不到的困难。有的人能克服困难走出沼泽地，而有的人却在困难面前一蹶不振，从此倒下。相同的问题，不同的结果，这与孩子从小所受到的教育和影响有着直接的关系。

　　在璐璐小学一年级的时候，我的家庭非常困难，璐璐爸爸每月300元的工资连生活费都不够。可就在这么困难的情况下，我对璐璐的教育从不轻视。买不起新书，经常去买旧书。一次，因为买一本2元钱的旧书我还犹豫再三，回到家后又再次来到很远的旧书摊买了回来。为了一套138元的家教书，我下了好长时间的决心才买回来，但却错过最佳教育时间。也就是在这样的情况下，我想尽办法让璐璐进入书法、英语等一些课外班。

　　记得璐璐一年级的时候，一天，他很不高兴地回来对我说："妈妈，我们班就我和程雨没羽绒服，别的同学都有！"听了璐璐的话，我的心如刀割一样痛，恨自己没有能力给孩子买一件像样的棉衣。可我咬咬牙对璐璐说："没有是暂时的。妈妈会让你有的！"璐璐听了我的话好像很开心，似信非信地眨着眼睛。

　　还有一次，璐璐回来高兴地对我说："妈妈，今天老师说了，学校里要给困难的学生发书包和文具,我们班的给我。"璐璐的话又一次刺痛了我的心,我毅然决然地看着璐璐说:"你去告诉老师,书包你不要,发给程雨。"璐璐听了我的话,用好奇的眼光看着问:"妈妈,为什么?"我很严肃地看着璐璐的眼睛,一本正经地说:"你记住:妈妈不让你当贫困生!困难是暂时的,妈妈一定努力给你买你想要的东西!"听了我的话,璐璐乖乖地说:"好!"那时,他才上一年级。

给了孩子承诺,就得去努力兑现。

因为经济的原因,我好几年都不买新衣服,节约下一分一角的钱都买来书籍,教育璐璐。即使生活再苦,我也从不抱怨,每天阳光灿烂,积极向上,不断学习。就这样,璐璐阳光、自信、有爱、爱学习,得到很多人的赞扬,同时,我也被很多人称为称职的妈妈。就这样,在璐璐上三年级的时候,我开办了自己的课外培训班,希望接触更多的家长,分享自己的教育经验和育儿心得,用自己在教育孩子路途上的经历感染更多的人。

我的经历给璐璐留下了深刻的印象,我的话也深深地记在璐璐的内心深处。因此他在后来遇到困难时,都能很坚强地走出来。

在璐璐厌学阶段,我简直度日如年,六神无主,但我在璐璐面前从不显露。我告诉他:"困难是暂时的!我们一定要走出来!你现在遇到了困难,而我作为妈妈也遇到了困难,妈妈没在困难面前倒下,你要向妈妈学习,相信你!妈妈要和你一起战胜困难!"每天,我心里滴着血,脸上却带着开心的笑容给学生上课,为的是给璐璐看。我的言行给璐璐做了很现实的榜样,璐璐也很快从困难中走了出来。

大人对待事物的态度完全可以影响孩子,只是我们当时意识不到。在日常生活中我们可以从点点滴滴做起,把正能量渗透进孩子的内心深处。

家长在外面遇到困难时,回到家中可以对着孩子说出来,但是千万别说泄气的话。面对孩子,可以说出不同的解决问题的办法。孩子当时虽然看上去不懂，但是，在以后，甚至成人以后，也会影响到孩子的生活。

说说我自己吧。我们家兄弟姐妹六人，父亲务农，带着这么多孩子，家境可想而知。所以，三哥在16岁时就开始做生意。做小妹的我在家的时候经常听三哥跟家里人谈论做生意的方法以及为人处世类的话。当时也是无意听听，听过拉倒，根本不放在心上，甚至今天听的，明天就忘了。可我还是很喜欢听三哥说他的生意经，只是觉得说得很热闹，别的也没什么。

可是，当我长大，自己开始打拼的时候，我跟别人的交流、处理问题等大多是采取我三哥做生意的理念。从那时起，我就意识到家长的一言一行都会潜移默化地影响到孩子。

在孩子遇到困难的时候，家长一定要做孩子强有力的后盾，不要说一些消极的话，更不要去做一些消极的事情。应该多支持鼓励孩子！你的支持和鼓励可以给孩子带来力量和信心！万不可在孩子很无助，家长又没有引导的办法的时候，一味埋怨孩子不争气、没有上进心什么的，这个时候说这些话只能让孩子失去希望和信心。

家长是孩子最好的老师，是孩子的一面镜子。要想在孩子身上发现一些积极向上的特质，那就多将一些正能量的东西传递给孩子。

妈妈手记 教育孩子的过程也是家长不断成长的过程。生活琐事、工作中遇到的问题、感情的纠葛等处理不好都可能给孩子带来负面影响。切记：不管在任何情况下，我们都要给孩子传递正能量，用自己的行动告诉孩子，生活不是一帆风顺，但是只要我们不怕困难，积极进取，困难会越来越少。

培养孩子的好习惯

一切培养习惯的行为一定要顺应儿童的天性，让他在自然而然中逐渐形成。

（一）品行习惯

一个人如果能把好的品行养成一种习惯，那这个人一辈子都会很快乐。

1．助人为乐

就拿我来说吧，父母的善良让我从小学会了帮助别人。小学时，每当放学遇到盲人爷爷提水，我就会主动去帮他。星期日，我还去帮他收拾屋子。那个爷爷虽然看不见我的模样，但我的名字和生日他一直记着。长大后，我便离家念书工作，可每次遇到他跟他打招呼的时候，他总会说出我的名字，说我是个好女孩，有福气。听了这些我很开心。

等我开创了自己的事业，照顾有困难的人更是我的家常便饭。滴水之恩当涌泉相报。可是，有些我帮助过的人见了我却连招呼都不打，好多次我都下决心不再帮助别人，可是，一旦有家庭困难的学生来，我就控制不住地去帮助照顾。曾经跟我的一个好朋友抱怨说再也不做好事了，他告诉我，做自己的，老天爷知道就行了。就这样，一直到现在，我还在继续帮助需要帮助的学生。这已经成了我的习惯。知恩的人毕竟还是多，每当孩子们回来看我，我会觉得自己是世界上最幸福的人！

帮助别人难免会去付出，但是在付出的同时会收获很多荣誉感，那是一种特别的感觉。

璐璐在这方面做得也非常好！

我们邻居的一位老人孩子不在身边，璐璐看着很可怜。一天，他对我说："妈妈，有时间去照顾照顾那个奶奶。"一般现在的孩子遇到老人连正眼都不看，更别说想着去帮助了。在学校里他热心帮助同学，有时候连我都反对，可他还是固执己见。

如果说帮助认识的人那是因为认识，而帮助陌生人，那就是一种好的习惯了。

2010年上海世博会，璐璐在我的鼓励下独自去了上海。可以说这是一件很有意义的事情。璐璐把每一个有纪念意义的物品都一直珍藏着，不许任何人轻易翻动。

璐璐一共进了四次园，因为去得早，每天都可以得到一张中国馆的绿色通道门票。他自己用了一张，卖了两张，最后一张本来是要留下做纪念的，结果，在吃饭的时候，碰到了来自武汉的一位老爷爷。得知这位爷爷因为没票不能跟女儿和女儿的学生一起进园后，璐璐毫不犹豫地将自己的票送给那位爷爷。璐璐很珍惜那张票，送票前，他给票照了张相以作留念。

回来的火车上，璐璐买的是下卧，为了一位带孩子的阿姨方便些，璐璐把自己的下卧换给了那位阿姨。那位阿姨两次给他100元，他都拒绝了。

一个在别人遇到困难时情愿伸出援助手的人所受到的最直接的影响来自家长。如果家长自私自利，孩子也会很吝啬。其实帮助别人就是在帮助自己。去年，我有一件事情需要做，让我没想到的是平时跟我很少交流的家长主动打电话要给予帮助，别的家长就更别说了。当时，我很感动，为我以前的抱怨而惭愧。

2. 礼貌与尊重

一个讲礼貌尊重别人的人一定是个让人喜欢的人。一个尊重别人的人也一定是个受人尊重的人。

反过来，一个没有礼貌，不尊重他人的人随时都在伤害和被伤害中。

前段时间，我带六年级学生出去体验生活。我们正边走边说笑，这时一个女生走过来指着旁边一个残疾人对我说："老师，你看这个XX！"她的声音很高，被那个人听见了。那人马上走过来说："我打你！我打你！"见此情景，那个女生很害怕，吓得站在那里一动不动。我急忙合着手道歉说："对不起！对不起！"见我道歉，那个人才走开了。说实话，当时我也吓坏了，万一那个人真的打过来怎么办？那个人走后，我就这件事跟孩子们说：一定要尊重每一个人，不管他是否健康，我们都没权利伤害他们。否则，矛盾、冲突随时都会接踵而至。

而我们周围像那个女孩的孩子大有人在。一次，班里来了一个以前得过病的孩子。这个孩子看上去跟一般孩子没什么两样，可是一说话就有些异样。他的话没有逻辑，不跟着别人说话的内容去发表自己的观点，一听就知道这个孩子智力方面有些不足。这个班里学生很多，尽管是同学，可他们常常会毫不留情地叫他"智障"。

一个班里有一个个子特别矮的同学，有的同学就会直截了当地说他那么矮就像武大郎，说得那个同学的脸红红的。

……

事例很多，从孩子们的言行中足以看出一个孩子从小所接受的家长引导的问题。

要想让孩子礼貌待人、尊重他人，家庭是最理想的课堂，家长是第一任老师。在大部分家庭里，上有老，下有小，家长要尊重老人，还要尊重孩子，这是最起码的尊重。遇到生理有缺陷、举止有困难的人，即使我们不去帮助也要体现出同情。这样孩子会看在眼里，学在心上。

　　一次带着璐璐去赶集，路上遇到一位走路一瘸一拐的人拉着车在上坡。璐璐一看见马上上去帮助推车。这不只是一个小小的帮助，从这件事情可以看出璐璐对残疾人的尊重和同情心。有了这样的心态，他会去嘲笑讽刺那些有缺陷的人吗？

　　中国绝大多数农村民风质朴，不论是否认识，见到年长的人多会礼貌地寒暄几句，即便是孩子，也是爷爷长奶奶短地问候。而在城里，见到人只是笑笑就算打了招呼。可是随着璐璐的出生长大，我发现他跟别的孩子有些不一样。别人家的孩子见到老人会主动叫奶奶，而璐璐则不然。这引起了我的重视。我在反思自己，跟别人打招呼说些客套话也是一种礼貌的体现，为什么自己会觉得是虚情假意呢？于是，我也开始学习跟别人热情地打招呼，说些客套话。慢慢地，璐璐见到长者，也会主动叫爷爷奶奶。我们附近的一位老人经常见我就夸："你咋教育孩子的？孩子太有礼貌了，见我就打招呼，多招人稀罕啊！"

　　其实教育孩子的经验是在不断摸索中积累的。见璐璐跟着我在变化，我在以后的行动中就更加注意了。买菜的时候会跟卖菜的大姐说"谢谢"，遇到临近的老大妈会说"我去上街，您需要买些什么"，平时在饭桌上说话的时候，也特别注意这些问题。

　　还有一个普遍的现象就是很多家长经常打断孩子与长辈们的交流，家长要特别注意。

　　家庭是孩子最早接触的生活环境，在这个环境里熏陶出来的孩子即便走进形形色色的大环境里，孩子也不会改变多少，因为从小在他心中树立起来的言行理念已经扎根在他的心里。

3. 不贪

经常通过一些媒体会看到一些人因为贪财、贪心而上当受骗的案例。其实我们身边也不乏这样的人。原因只有一个——贪！

自从璐璐总被别人预言说"这孩子长大一定做大事"后，我就开始有意引导他不贪心的做人原则，怕的是将来如果做了官会是一个贪官。这虽然是一句玩笑话，但也不是在心里没想过。谁知道一个孩子将来朝哪个方向发展，再说了，就是做个普通百姓也不能太贪心啊！

举一个例子吧。一个星期日的晚上，8点才下课，累了一天的我根本没力气再做饭了，就去饭店买饭。来到附近一家小饭店，当时人很少，厨房里就厨师自己，也就是老板。我要了一个9元钱的菜，给了老板100元钱。老板独自比画了半天，给我找了141元钱，其中有一张是100元。我这个人不贪心，看见多找出来的钱，马上拿起100元对老板说："你找多了。"老板随手接过钱放进箱子里，又给我找了50元递给我。可是自始至终没跟我说声"谢谢"。我心想：不说就不说吧，反正自己做了好事他会知道的。我为自己的伟大自豪了一路，等着回家跟儿子显摆一番。可是，快回家的一拐弯，一个念头闪进我的脑海，事情有些蹊跷，一个人找钱愣是把钱找错？等我把钱退回，老板那么平静！连个"谢谢"都不说？我恍然大悟，那100元钱一定是假的！如果我当时贪心，直接把钱装进包里，等回家发现是假的那就是哑巴吃黄连了。回到家，我把这事件告诉了璐璐，让他给我分析。他也说肯定就是这么回事，只是我不贪心没上当！

璐璐在给我分析的过程中，也认识到了贪心的可怕。尽管我没有语重心长地告诉他以后不要贪心，但是他也从这件事上总结出了经验与教训。教育是无形的，无形的教育起的作用更大！这件事也是我在课余时间给孩子们必讲的故事。我的目的是明确的，可我不说出来。但是，孩子们一听就会说不能贪心。

对璐璐的引导，我几乎都是用事实说话，说教的时候也有，但是不多。

一次带着璐璐买馒头，卖馒头的找错了钱，我主动还回去。这是璐璐亲眼所见。像这样的事情经常发生。在生活中自然学习，记忆也会更深刻。璐璐也学会了不贪。

其他章节中举过的事例不再列举，就拿最近发生的一件事情来说吧。璐璐在吃完午饭回教室的路上捡到50元钱。那么大个校园要想找到失主很不容易，就拿着钱给我打电话："妈，我捡到了50元钱。"

"交给老师吧。"我说。

"又不是我们班同学的。"

"那你就留下用吧。"

"妈，你有困难的学生吗？"

"干什么？"

"把钱给他！"

"谢谢你，儿子！妈妈现在没有困难的学生。要不你自己留着用吧。"

"嗤！"

"那就留下交班费吧。"

跟璐璐的谈话结束后，我感动得差点哭了。像这样的孩子在以后的人生道路上会让贪成为自己前进的绊脚石吗？

生活中，有的人因为贪而犯法律，有的人因为贪而受贿，有的人因为贪而改变了自己的人身轨迹……贪是祸根！

在教学中，我也常常采取各种形式教会学生认识到贪心的弊端。这些活动都是在游戏中进行，让孩子在嬉闹中学习处世的一些方法。

课余时间我会经常给孩子们做些吃的。一次，我故意包了一些饺子，饺子的馅里放了很多盐，吃下去很费劲。我给每个学生准备了两个。下课后，我把饺子拿出来说："吃饺子了！可是不多，大家看着吃，一定要吃完，否则罚钱！我说话算数！"我说完就把饺子放在桌子上。刚放下，就有平时比较贪心的家伙上去就抢，根本不考虑别人能不能吃上。结果，有的同学愣是一个也没抢到。

我心里偷笑着再一次强调说："拿到饺子的同学一定要吃完！否则剩一个饺子罚一元钱！"开始吃了，这下可热闹了！当没抢到的同学咽着口水看他们很得意地把饺子放进嘴里咀嚼时，顿时傻了眼，只见他们个个张着嘴"啊啊啊啊啊啊啊啊"。我在一边笑得不成样子了，看着他们大声说："吃下！否则，罚钱！"听了我的话，有的干脆吐了，有的怕出钱干脆龇牙咧嘴地吃了下去。

"老师大坏蛋，给我们吃的是盐饺子！"

听了他们的话，我哈哈大笑，说："怪我吗？"

没抢到饺子的可得意了，幸灾乐祸道："谁让你们贪心抢了那么多！哈哈哈……"

一次小小的游戏，一个大大的教训，能让他们记住很长时间，甚至是一辈子。

类似这样的方法在家庭中也未尝不可实践，它既不是枯燥的说教，也不是就事论事，而是让孩子在体验中得到教训，受到启发，铭记在心！

（二）学习习惯

在小学阶段，学习习惯的养成非常重要，它甚至比学习了多少知识更重要！这个习惯要从小培养。习惯是一个很自觉的行为，不是靠强迫完成的。

璐璐在学前的时候，我们就养成了每天睡觉前读书的习惯，这个习惯一直延续到初中。别的孩子上初中后每天学习到深夜，而璐璐做完作业就看书。阅读习惯的养成不是两三天就可以见效的，它需要一段相当长的时间的培养和巩固。璐璐从一开始的让我给他读，到他自己主动读书，不读完不睡觉，连吃饭都读书的这个培养过程可以说是很漫长的。

作业习惯。从一年级开始，璐璐每天回家首先是做作业，然后才干别的事情。这些习惯的养成，从他自己开始的主动，到我采取"谎言形式"的强化，一直坚持了下来。

写作那更是不用说了，每年我给他一个16开大本子。随着年龄的增长，本子数量也在增加，故事也在增加，看着那一摞摞本子，一个个精彩的故事，璐璐是越写越想写。

这些习惯的养成不是仅靠孩子自己能独立完成的。璐璐上三年级前，只要他在家，我绝对是跟他在一起的。他的作业我从来不看，也不管，更别说经常给他检查了。我告诉他：作业是自己的事情，检查作业不是我的事情。即使偶尔检查，发现错误时，我只是告诉他作业中有一处错误，让他自己去找。

而有很多家长主动帮助孩子检查作业，然后把错误详细地告诉孩子，并帮助他纠正。这样的做法非但不能给孩子带来任何好处，反而能滋生孩子的惰性和做作业不认真的习惯。不是吗？孩子是非常聪明的，他知道有家长每天给他检查作业，自己则会毫不费力地改正作业，那他还有必要去认真做作业吗？还不如尽快完成作业，想干什么就干什么。

再者，无论你完成作业的质量如何，字一定要写工整，这个非常重要。要是等到长大了再改变那潦草的字迹就费劲了。因为孩子的写字方式已经在那段时间内养成了习惯。

我单独辅导过一些成绩很差的孩子，发现他们大部分在读题的时候一扫而过，然后马上写出答案，结果错误。如果你再让他读两遍题，即便不提醒他，他也能做出来。其中最主要的原因就是孩子平时在家静不下心来做作业，常常是抱着应付的态度去完成。这种心态大部分是由客观原因造成的。比如，孩子做作业，家长看电视；孩子做作业，有小朋友在外面招呼；等。时间长了，便养成习惯，成绩自然上不去。

（三）生活习惯

关于生活习惯我只强调零花钱这个问题。零花钱可以有，但千万不要让孩子养成大手大脚花钱的习惯。

我的学生中有一个女孩子，父母是做生意的，由于爱女心切，常常会把零钱随手给孩子。这个孩子在学校什么表现，我不知道，可是来我这里上课，小零食带一大包，有时根本就吃不完。她每次都带很多，几乎没有不带的时候。再看看文具盒内，笔整整装了一包，足足有几十支笔，掉在地上的不捡，不喜欢的送人，坏一个小地方的扔掉。如果任由父母继续这样娇惯下去，那等孩子长大了有多少钱够她花？

现在每个家庭都很宽裕，可是再富不能富孩子！一个小孩子整天拿着钱大手大脚地花，这样下去对孩子的成长很不利。他们不去珍惜，以为钱来得很容易，同时也会失去进取心。

璐璐没有过零花钱，如果他要，我就给。我是个比较松散的人，家里的钱乱放，只要睁开眼睛就可以看到钱。璐璐的屋子里，我的屋子里，可以说到处是钱。这是一个很坏的习惯，但是我改不了。

可是璐璐从来没有瞒着我拿过钱。我经常表扬璐璐说："儿子，你是个好孩子，从来不擅自拿妈妈乱放的钱去花。"

璐璐现在已经是高中生了，不需要的钱，他从来不带在身上，每次都是我强迫给他带钱。我说："男子汉了，身上应该带些钱了。"

这些习惯的养成也许与他小时候家境困难有关系。璐璐小的时候，家里没钱，他吃的用的，我都提前买好。如果有需用的钱，我就给他，也特别信任他。有时，我给他钱多了，他就说："妈妈，用不了这么多。"我便引导他说："拿着吧，妈妈知道你不乱花。"还别说，如果用不了，璐璐还真的不花，给我拿回来。每当这时，他就会得意地说："妈妈，我听话吧？我一分也没花！课间的时候，我也很想买冰块儿，可还是忍住了。"

听了他的话，我总会摸摸他的头说："妈妈相信你！还想吃吗?"

"嗯！"璐璐点点头。

于是，我把璐璐剩下的钱给了璐璐说："去买吧！"

关于零花钱的问题，我没有特意训练过璐璐，原因是我很信任他。在这样的信任下，璐璐为了不让我失望，就会每次做给我看。这样就养成了不乱花钱、不乱拿钱的习惯。

现在，每当学生问我："老师，你给小哥哥（璐璐）的零花钱是多少?"

"我不控制哥哥的零花钱。哥哥花多少，我就给多少。但我相信小哥哥不会乱花钱的！"我的话刚说完，他们就露出羡慕的神色。

"老师，我妈妈要像你那该多好啊！"

"那妈妈为什么不随便给你们钱呢?"

"怕我乱花！"

"那不乱花，妈妈不就能随便给你了吗? 我们家小哥哥从不乱花钱，需要五角，绝不多带一角。"

听了我的话，他们都不说话了。不知道我的话是否对他们起作用，可我的言外之意已经在告诉他们该怎样去做了。

刚才说到的女孩子，每次带来的小吃都是那些三无食品，吃下去对身体有害无益。喜爱这些食品的，不止她一个孩子，只是别人买得没她的多，但是吃小吃的习惯大多数都有。

可三年级的一个女孩子从不吃这些三无产品，当我问她原因的时候，她说是她妈妈不让吃的，妈妈说这些食品里有毒。看来家长的态度可以禁止孩子的行为。要让效果更佳，可以陪同孩子看一些电视节目，让他们亲自看一下那些曝光食品质量问题的节目。

再者是怎么控制零花钱。小孩子的自控能力不是很强，见别人做的事情就会去跟风。要想让孩子不乱花钱，家长要有意识地引导孩子将钱花得价值，既不浪费，又花得值。在这方面家长也要以身作则，消费要理性，不要跟风。这个非常重要。

习惯可以决定一个人成长过程中的很多东西，我们必须帮助孩子从小养成良好的习惯！

妈妈手记 习惯可以决定一个人的命运。可习惯的养成不是一朝一夕的事情，这需要孩子自身的努力和家长的督促、鼓励和引导。做家长的千万不可因急于求成而否定孩子的努力，否则，孩子会因为得不到认可而失去自信和兴趣，于是破罐子破摔，自暴自弃了。

"笨鸟" 飞得也很高

　　生活在这个飞速发展的社会，速度对于一个人来说非常重要。想问题的速度、做事情的速度可以说关系着一个人的成败得失。每个人都应敏捷地做出反应，迅速抓住机遇，否则就可能错过很多帮助自己取得成功的机会。

　　我带的学生中各方面慢的孩子大有人在，其中有两个女生因为写字速度慢而没有考上重点初中。倒不是说考不上重点初中孩子就没有发展前途，而是好学校好的学习环境会给孩子积极向上的影响。

　　为此，在惋惜的同时，我决定以后再遇到这样的孩子一定要帮助他们及早纠正过来。我发现这些孩子不良习惯的养成除与家长的影响有关系外，还与家长溺爱孩子有关。

　　有一个家长跟我交流的时候说话比国家领导人都谨慎，吐字清晰，慢条斯理，她的孩子也是非常慢。一次，我们六年级吃毕业饭——猫耳朵，自己吃自己做的。我给了他们足够的时间做，结果，别的同学做了好多，而她做得最多不超过20个。可就是这不到20个猫耳朵，她却吃了好长时间。

　　也许你会说这是遗传的本性，本性难移！开始的时候我也这么认为。可是另一件事情却给了我一个准确的答案。

　　在我这里学习的学生在六年级的时候会经常吃我做的饭，尤其爱吃我唯一能做好的饭——炖土豆。我的炒勺小，孩子们又多，往往做出来的土豆不够吃。为此，孩子吃起来狼吞虎咽，争先恐后，生怕自己吃的比别人少。这个女孩子非常喜欢我做的土豆，她吃的时候，抢土豆的时候动作并不比别人慢。我看了当时的情景情不自禁地偷偷发笑，心想：她慢吗？

可是她写字的时候确实慢。自从吃土豆后，我便有意训练她的速度。开始的时候，我让她写得快一些。可她说写快字就潦草了。我说只要能快，别怕字写得不好看。就这样，在我的有些不恰当的训练下，她写字的速度越来越快了。等她不在我的督促下能写快的时候，我又要求她把字写好看。这个训练方法比较成功，但适合高年级。

去年三年级班里来了一个女学生。这个孩子的妈妈一见我就说："我家孩子不爱说话，做什么都慢。"通过一段时间的观察，这个孩子是比别人慢，写字一笔一画，就连擦个错别字都小心翼翼。放学的时候，别的同学都已经走了，她还没把书装进书包里。而究其原因我发现与她奶奶有关。因为她妈妈上班忙，这个孩子经常由奶奶照顾，而奶奶又非常喜欢这个大孙女，什么事情都不让她做。奶奶的动作慢，时间久了，孩子也养成了慢慢腾腾的习惯。跟她熟悉了一段时间后，我开始特意对她训练了。这个孩子小，不能用训练六年级的方法进行突训。我怕写字速度加快了，而字却写得潦草了。

刚开始，每每她写作文的时候，我就表扬她字写得非常漂亮。她听了后总会美滋滋的。一次，我看着她的字说："你的字很漂亮！如果再能写快一些，那就更棒了！不过别着急，你会写快的。不信，你给老师很快写出三个字。"她在本子上很快写出三个字。我看了，嘴一撇，"嘿嘿"一笑，大声说："是吧？我就知道你能写快！"

接下来的作文课上，在写作文前，我就提前用信任的眼神看着她并点点头鼓励她。她高兴地领会了我的意思，在写字的时候就会主动加快速度。等她自己觉得写了不少的时候，就会抬起头来看看我，意思是想得到我的表扬。我便走到她跟前，看看她的本子，故意大惊小怪地说："啊，你咋写了这么多了！"

在我的鼓励下，她写字的速度越来越快了，而且写得跟原来的一样工整。

以前，别人写一页，她只能写出三分之一页。现在，别人写一页，她能写出四分之三页。

为了能巩固这个快速写字的习惯，我现在很少表扬她了，而她也能主动写得很快了。

训练孩子的速度需要一个循序渐进的过程，家长不能操之过急，更不能威逼强迫、横加指责，否则，孩子只能是应付性地完成任务，一旦家长不监督，就会随心所欲，更有甚者抗拒对待，产生逆反心理。家长帮助孩子要适合孩子心理发展的规律，多鼓励，少批评，这样孩子才能心甘情愿地去接受，然后去做好，久而久之就养成了好的习惯。

训练孩子不能同时训练很多项，否则，他会因感到很困难而拒绝。这个三年级女孩子在写字速度加快后，我就开始训练她的动作了。在前面的训练成功后，这个孩子有了很大的信心，很高兴接受了我的建议。

那天，她奶奶来送她，一下车，奶奶就像往常一样，背起书包说："奶奶把你送进去！"我见了急忙阻止说："孩子这么大了，不用奶奶背书包了，孩子自己能拿动。"我的话让那位奶奶有些不情愿，可是又没反对我，只好把书包交给孙女。说实话那个书包很沉，孩子自己拿是有些吃力，但孩子还是自己把书包可以说是拖进了教室。

回到教室，我鼓励她道："你奶奶那么爱你，连书包都不让你背。其实背书包是你自己的事，不应该让奶奶管。以后咱们自己的事情自己做，不用大人管！""奶奶不让我做。"那个女孩无奈地抱怨说。"以后可以拒绝！因为你们长大了！"我的鼓励真的起了作用，下一次来的时候，孩子主动背起了书包，让奶奶远远地跟在后面。

接下来，我让孩子们比赛收拾书包来训练她的动作，而我在一边给她加油。比赛的过程中，她的速度非常快，这让我很欣慰。这项训练还在进行中，目的是让她养成快速的习惯。我只是课外培训老师，孩子们来这里的时间只能是一周一次，短时间的训练起的作用不是那么明显。如果家长在日常生活中也用这样的方法从点点滴滴训练起，我不相信孩子的做事速度会慢。

别不在乎做事的速度，做事速度快，思维也会敏捷，这是相辅相成的。再就是升入中学后，在作业堆如山的情况下，如果孩子写字速度很慢，那他就会很吃力。做事速度的快慢还会影响到孩子以后的工作。可以说不是一件小事。

我在一些家长群里也会经常看到家长反映这些问题，可是他们却找不到帮助孩子的方法。家长以身作则，并在平时有意对孩子进行训练，让孩子摆脱慢吞吞的习惯不是个难题。

还有的家长反映孩子做作业慢，喜欢拖拉。出现这种情况的原因是多方面的，如：孩子对所学的知识不熟悉，做作业时比较吃力；做完作业还得做家长留的作业；看着作业多发愁；受环境影响；等。

要想让孩子不拖拉，家长首先要弄清其中的原因。如果孩子对所学知识掌握得不够熟悉，家长首先要帮孩子把落下的知识及时补上来。建议家长不要让孩子做太多的试卷，如果做，也要有选择。要注意，孩子做作业的时候，家长不要娱乐！针对孩子因作业多发愁而拖拉的这种现象，家长可以让孩子做一题，家长帮助检查一题，然后鼓励说："你做得比以前快多了！"不管他是不是快，都这样说。然后再做第二题……这样，他就不觉得那么多作业可怕了。之后逐渐放手，一旦习惯养成，就可以完全放手了。

在写作业方面，家长除了恰到好处地帮助、鼓励、督促外，还可以采取一些小措施，多设计一些环节引导孩子一步步过关，孩子在一次次挑战成功后，会建立自信，也会尝到挑战成功后的喜悦，这种对成功的向往便会促使孩子做作业不拖拉，能够很快把作业做完。值得注意的是，最好别给孩子规定写作业的时间，因为老师每次留的作业量会不一样，难易程度也不一样，这些都会导致孩子做作业时长参差不齐。如果给孩子规定了时间，一旦做不完，就会给孩子带来负面情绪，让他感觉自己不行。这时家长要陪伴着孩子，一起来完成，这样起到一个直接监督的作用，孩子不反感，潜意识里还不敢磨蹭。等习惯一旦养成，就可以让孩子独立去完成自己的事情了。

　　我在课堂上训练学生的方式与方法很多来自对璐璐训练的经验和启发。对于璐璐速度的训练，我在学前就开始了。我在床上放了不同的器具，比如盆、瓶子、盒子、碗等，然后给他两根木棍。我给他放出不同节奏的歌曲，他就像敲架子鼓一样跟着节奏敲，忙得不可开交。为了让玩不枯燥，我就在一边伴舞。这样既训练了他对音乐的兴趣，同时也有效地开发了他的大脑，当然还有动手能力、动作的协调性和速度。等他大一些，我就按自己的思路给他做了类似架子鼓的玩具让他玩。

　　每天起床的时候，我们比赛穿衣服；吃饺子的时候，比赛择韭菜；走路的时候，看谁走得快……无形中的特意训练，让璐璐做事雷厉风行。

　　璐璐的做题速度相当快，一道题在别人还没读懂的时候，他就可以做出来（我专门让他跟同龄孩子比过赛）。当然，璐璐做事的速度也相当快。一次在老家跟小朋友们去果园里摘苹果，相同的时间内，他比别人摘得多。

　　璐璐能做到这样，与我平时的特意训练是分不开的。在璐璐上一年级的时候，为了能让他写字动作熟练，我特意买来彩色粉笔，与他一起在地面上练习写字、画画。五颜六色的彩笔让他对写字充满了期待，再加上我的参与，与他比赛，故意的输赢让他其乐无穷，写字速度自然就快了起来。

　　为了训练璐璐的做题速度和准确性，我开始的时候故意出一些比较简单的计算题让他做，只求对，不求快。等他准确率很高的时候，就出同样简单的题让他做，每次计时，一次比一次速度快。在题不难的情况下，这样训练一段时间后，他能做得又对又快。在这个过程里，璐璐首先有了自信，觉得自己就能做得又对又快，当然也对这种训练产生了浓厚的兴趣，甚至还主动要求这种训练。当然，以后的训练题目会逐渐加深难度，而训练效果一样有效，他也乐此不疲。

别说孩子慢，即使慢，也有很大一部分原因在家长。家长要做有心人。

最后补充一点，千万别经常怪怨孩子说："你总这样慢！"否则，家长长期的心理暗示会给孩子心理留下阴影。暗示的弊端，我会在其他章节里讲到。

妈妈手记 当孩子出现问题时，家长不要只是命令或者指责。因为，这些方式只能起到暂时的作用，孩子一旦离开这些方式的制约就会还原到原来的状态。做家长一定要多了解自己的孩子，一旦发现问题，就要先去了解问题出现的原因，然后有针对性地帮助孩子解决问题。

不宠不娇，后天的能力培养

能力对一个孩子来说非常重要。那么，家长怎样去引导才能使孩子的能力更强呢？

(一)学习能力

小学阶段，提高学习能力比拥有更多的知识更重要。知识不等于能力，分数更不等于能力。不是说一个孩子考试分数较高就说明他学习能力很强，也不是说一个孩子学习了很多东西他的学习能力就强于他人。

有的孩子只会做老师教过的题，题型一发生变化就无从下手。这样的孩子不管他考试能考多少分，他的能力也是有限的，甚至越到高年级学习就越费力。这就是一部分好学生一上初高中学习成绩突然下降的主要原因之一。因为他们学习能力不强，不会独立学习、独立思考、独立解决问题。

所以，在小学时，能力的训练是很有必要的。那么，家长应该怎样来做呢？

数学能力的训练是以后理科学习的关键。这是我教学这么长时间的总结和经验。

璐璐的学习能力很强。别看我是老师，对璐璐我却很少辅导，给他讲题的时候就连多说一个字都很奢侈。因为一不小心多说一个字，他就完全明白了。我要他在启发中学会自我思考，独立解决问题。

璐璐在二年级时就会做行程问题，那时候他的计算能力还比较差，但分析问题的能力很强，我便把数字改小，他就可以做出来。让我记忆很深的是他在三年级时的一次做题。当时，我拿出一道四年级的奥数题说："咱俩比赛做题吧。"一听比赛，璐璐来了兴趣，可他不知道那道题对他来说是有多难。为了比赛公平，我俩同时读题。在我刚画出图的时候，璐璐就大声说："妈妈，我做出来了！"能听出他有多兴奋！我当时头也没抬很肯定地说："不对！继续做！"为什么这么肯定呢？因为我刚把图画好，他不可能比我做得快，也不可能把那么难的题做对。

还没等我把题琢磨明白，璐璐又开话了："妈妈，你好好看看，我做对了！"璐璐的语气很坚定。为了证实他的算法错误以便让他认真分析好好做题，于是我翻开答案让他看。这一看不要紧，答案完全正确！我简直惊呆了，急忙仔细看他的做题过程，对了！出乎我的预料，他竟然能很快做出这么难的题，让我不能不佩服他！我便在书上写出"佩服你，儿子"几个字并一直保留到现在。这是学习能力的一种体现！

是的，他的学习能力的确强，这在以后的学习中得到了很好的证明。

璐璐上五年级的时候，我带的六年级学生考重点中学。考完试，学生打电话告诉我不会做的题，我在一边抄，璐璐在旁边听。等我把题听完抄在本子上，璐璐就把题做出来了。上初一的时候，除了做完老师留的作业，璐璐从来不做其他练习题，而他的考试成绩居然能进年级前16名，连老师都很惊讶，说这是不可能的事情。因为他们学校是全区最好的中学，里面的学生都是从全区选拔的尖子生，而且学习都很刻苦。璐璐初二时基本没怎么学习，初三可以说根本不努力，结果还考进一所重点高中。高一期末考试，璐璐数学反考了24分。后来在没有请家教的情况下，他通过自己努力，数学成绩上升到135分。常常有人说，那是你家孩子，别人家的孩子早就脱离学校了。可见妈妈与孩子一起学习，一起成长，言传身教比棍棒教育起的效果要好得多。

从璐璐的经历可以肯定他的学习能力的确很强。我虽然带孩子们学习奥数，但却从没系统地对璐璐进行过特殊的训练，只是在闲暇时用玩的方式引导过他。

璐璐具备这些能力，首先肯定的一点是得益于阅读。阅读是开发智力很重要的途径。璐璐从小读过很多不同的书籍，大量的阅读让他的分析能力、思维能力得到了很好的锻炼，所以他在做题时能很快理解题意，找出问题的突破口，从而快速解题。

同时，在日常生活中，我有意识地利用实际问题让他懂得一些数学书面语言，随时讨论问题以锻炼他的能力。比如上学放学的路上，我会跟他比赛走路，在路程不变的情况下，根据每天走路速度，分别计算时间。这样就会很自然地把行程问题的知识结合实际灌输给他。在以后做题的时候，他就会很快地知道了路程、速度、时间三者之间的关系和一些抽象的概念。久而久之，他的理解能力自然就很强了。在具备了这种能力的情况下，我对他的辅导也是与众不同的。

璐璐做题遇到困难的时候，我几乎没给他仔仔细细讲过这道题的做题过程，而是一步步去引导他，给他启发性的提示，让他在我的引导下，通过思考，独立解决。在引导的过程中，我一般采取提问的方式，这样可以让他不断地去想问题，思维也可以得到有效的锻炼，这给他以后自学打下了坚实的基础。

然而，有的家长在孩子遇到问题的时候，不厌其烦地给孩子从头到尾一字不漏地把题讲得清清楚楚，步骤一步不落地写出来。殊不知这样辅导孩子起的大部分是反作用。因为孩子们都很聪明，遇到这样的家长他会很高兴，再遇到不会做的题时根本不去考虑就认定自己不会做，然后请教家长，结果轻松就把作业完成了。可是家长滔滔不绝地把答案讲出来时，孩子真的在认真听吗？他听懂了吗？他知道做题思路了吗？显然都没有，因为他根本就没去自己想，只是知道了这道题的答案。长时间下去，孩子只是做对了一道道题，而做题的方法、学习的能力被家长给淹没了。

我带学生学习奥数有十几年了。在课堂上，我很少讲例题。课上把知识点给孩子们讲明白了，让孩子们真正理解了，就直接做题。当孩子遇到问题时，我去引导他们，而不是直接告诉他们答案。还有，我在出题时，绝对不会出现前后两道题型相同的题，因为孩子们的模仿能力很强，就是在不理解的情况下，他也会把数字直接套进去把题做对。这也是训练孩子们能力不能忽视的一点。

在我的数学课上偷懒根本不可能。我出的题道理一样，但题型多变。我常常会把一道题稍做改动，变成很多题型。有时孩子们能在这一道基础题的变化中做上两个小时。这样的变化，能让孩子们把题理解透彻的同时，还能从不同角度考虑问题，使智力得到很好的开发。这样的教学方法也贯穿在我对璐璐的引导过程中。

上中学的学生告诉我说："老师，上初中最省力的学科是数学，我们做完老师的作业就不去做其他练习题了。"说这些话的孩子他们的物理、化学学起来也很轻松，他们的理科成绩都很优秀。别的学生在双休日忙忙碌碌地补课，我的学生很少参加补习班，可成绩照样优秀！

有的老师、家长搞一言堂，填鸭式，先讲例题，后做同样习题的教学方法只能使孩子们学会了偷懒、死记硬背、简单地模仿，而孩子们真正的能力没有被挖掘出来。

良好的学习能力对学生来说非常重要！小学时看不出来，一旦进入中学，学生的能力就会很明显地凸显出来。

接下来，谈谈语文能力。语文的能力一样不能拿分数去判断。一个孩子如果不去大量阅读，即使每次都考100分，他的能力也是有限的。等到高年级时，学习会很辛苦。

璐璐从小读过很多书，作文写得非常棒，发表过很多文章，作文比赛也得过不少大奖，当然语文成绩也不错，但就是不拔尖。尤其能体现他能力的是初中时的学习。自上初中开始，我没看见璐璐背过小科，可是每次成绩都可以在90分以上。中考的时候竟然考了116分（满分120分）。考试前老师还摇着头说："你们家孩子真不知道该怎样说，别的学生都在书上记了很多笔记，而你家孩子书上不写一个字！我真拿他没办法。"这是为什么？因为他的记忆都是理解性的记忆，而不是死记硬背。

我有过这样的一个学生，从小不爱看书，上初中后，历史总考60分左右。一次，我问她是不是不肯背诵。她带着快要哭的语气跟我说："老师，我连练习册都背了，可就是考试考不好，有时都答混了。"造成这种现象的原因是没去理解地记忆。因为她阅读量少，学习的过程中不能很好地理解题干的内容，而是去死记硬背，结果事倍功半。像这样的学生很多，他们都不喜欢阅读，到高年级时即便学习很辛苦，依旧不能取得大的收获。

可以说，一个孩子的语文能力的强弱关系着孩子学习其他学科的能力，这一点非常重要！而这个能力的训练，在小学阶段占有很大的比重。而语文能力又与阅读的多少有着直接的关系，所以，从小培养孩子的阅读兴趣非常重要！

（二）生活能力

一个孩子在成长过程中会不断经历这样那样很多事情，在这个过程中，孩子必须具备独立解决问题的能力，因为父母不会时时刻刻陪在孩子身边。所以，做父母的在教育孩子的过程中要学会适时放手，锻炼孩子的自理能力。

可是，在我们身边越来越多的家长对孩子的爱几乎到了无微不至的地步：替孩子背书包，收拾文具，系鞋带，穿衣服……孩子简直是衣来伸手，饭来张口的小皇帝！长此以往，孩子的依赖性会有增无减，以至走出家门，走向社会的时候，因自立性不强不能适应而遇到很多困惑和挫折。

我大哥的女儿，从小娇生惯养，什么事情也不做。小学时的一切都由妈妈来照料。上初中的时候，孩子跟着大哥住校。因为大哥是老师，有自己的单独宿舍，为了孩子能更好地学习，孩子跟大哥住在宿舍里。这样，孩子的一切又由大哥来照顾。其间，我给他们提过建议让孩子跟同学住在一起，锻炼一下孩子的自理能力和跟同学的沟通能力。可当时他们没有在意。结果，当孩子在初中毕业考上一所不错的中专学校后，远远不能适应学校生活。当大哥一次次送去，孩子一次次自己跑回来的时候，大哥给孩子选择了休学一年。可是，等第二年再送去的时候，孩子还是不能适应，最后，只好退学。

像这样的情况，生活中比比皆是，可就是引不起家长的注意，以为那是别人家的事情，与自己无关。

我的学生很多，我也见过不少家长对孩子的照顾简直到了让人"忍无可忍"的地步。

一个六年级学生的妈妈，每次来接孩子，都会帮孩子收拾书包、穿外套等。一次，这个孩子来上课，看见课桌反了，就对我说："老师，课桌反了。"听了孩子的话，看着她那无奈的样子，我心想：这就是溺爱的结果！这么大了，连这些小问题都得别人给处理，自己还能做什么？

一个五年级学生的奶奶，每次上课都跟着孩子，看着孩子学习，在课堂上，一会儿帮孩子捡橡皮，一会儿训斥孩子上课捣乱。孩子不会做题时大发脾气，非常生气的时候还会大打出手。孩子在奶奶的管教下，上课的时候比较好。可是，随着孩子的渐渐长大，奶奶这一套的作用也渐渐不起作用了。我还发现，每当孩子奶奶不在时，别的孩子能自己主动认真学习，而他却表现得很不好，连我的话也不听。

别看这只是一件件小事，它足能反映出一个孩子的很多东西。如果这样下去，孩子在这个竞争激烈的社会生存下去会很艰难！孩子需要锻炼，需要自理、独立的能力，只有这样才能适应社会的发展，才能在社会上有自己的立足之地。家长，要适时学会放手，给孩子施展自己的空间，让孩子更好地成长。

我对璐璐从小便着重加强了自理能力方面的训练与引导。

为了训练璐璐快速融入集体的能力，我会在星期日的时候带着他去一个开放的初中大操场去玩。一次，我带着他去看别人踢球，那里都是大孩子，璐璐加入进去有些牵强。可我还是对璐璐说："如果你能玩上他们的球，妈妈会很佩服你！"我给璐璐出了个难题。璐璐听了我的话开始有些高兴，可是看着人家踢得热火朝天的情景，璐璐有些没信心了。可是，不多时，机会来了，一个孩子飞起一脚把球踢出了很远。璐璐见状，拔腿就跑向足球。璐璐捡到球踢着送到球场。他故意踢得很慢，享受那份得来的快乐。等回到我身边，他得意地问我："妈妈，我厉害不?""厉害！"我很欣慰地看着他说。这虽然是一件很小的事情，但是在这个过程中，璐璐肯定是想了办法，并且在最短的时间内做出最快的选择。这种急中生智、见机行事的能力不能不被欣赏！还有一次，一伙陌生的小朋友在玩卡，我带着璐璐看。一会儿后，我便对璐璐说："你可以参与进去吗?"璐璐抱着怀疑的态度说："人家跟我玩吗?"我用信任的眼神看着他说："试试。"听了我的话，他开始蹲在那里看，然后不时给小朋友一些建议，或者帮他们把地上的小石子捡走，不一会儿就熟悉了。最后他鼓起勇气说："带我一起玩，好吗?"就这样，他很快就跟小朋友们玩了起来。

有时，为了能锻炼璐璐解决问题的能力，我故意把橱柜里的东西都拿出来，让他很有条理地放回去。因为东西多，如果一件放得不恰当就会有别的东西放不进去。

像这样的事情在我们的生活中随处可见，我把教育孩子的目的融入生活的点点滴滴，玩闹中孩子会学会很多东西。

璐璐上学后，我从来没接送过他，都是自己来回，更别说给他背书包了。为了锻炼他与人沟通、计算、鉴别能力，我会经常让他给我买菜。他会勇敢地问价，讨价还价，货比三家，识别蔬菜是否新鲜，钱是否算得对。

有时，我出去的时候，就会把打扫家的任务留给他。等我回来时，家里干净得比我收拾得都好。当然了，择菜、洗菜是经常的事情。

璐璐的文具我从来都不帮忙收拾。如果他自己丢三落四，那后果就自负了。记得一次，在璐璐出门前，我看见他的语文书落在了床上。我没吱声，看着他走出家门。我想：如果在学校受到老师的批评，他一定会记住这个教训，以后会注意的。结果，不出我所料，中午放学回来，璐璐一进家就说："妈妈，今天我忘了拿语文书。老师让我罚站了。"我听了偷偷地笑着说："以后上学前一定要整理一下书包，看有什么东西落下了。"可有的家长则不然，我常常听到这样的话："孩子上学了，我发现没带书，就急急忙忙把书送到学校，要不老师会批评孩子的。"家长这样做，只能让孩子丢三落四的习惯根深蒂固，因为孩子认为有家长替他想着。我在想：家长为什么想不明白？老师批评怎么了？这是孩子自己造成的后果，应当由他自己来承担。这样可以让他吸取教训，吃一堑，长一智，心智得到成长。

璐璐五年级时，就独自骑着自行车自己去兴趣班学习。兴趣班的地址离我家很远，骑自行车也得半小时。邻居会经常说："你真大胆，让孩子自己骑车去！"

初中的时候，璐璐便敢自己在出租屋里过夜。

上高一的时候，璐璐自己拿着钱独自去离家50公里的市里买了辆自行车骑回来。高一暑假正值上海世博会，从来没有单独出过远门的他在我的大力支持下，决定独赴上海。当我跟璐璐初步决定这件事后，唯一支持我们的是他叔叔，可是到最后也保持沉默了。"家长胆大，孩子更胆大！"这是一个朋友的话。"你拿孩子做赌注！你傻啊！就这一个孩子，可输不起啊！"这是邻居的话。临走前，璐璐五爷还在以一位老警察的身份给我讲社会的复杂性和一个个上当受骗的案例。说实话，当时我很害怕，有人建议派人偷偷跟踪，有人建议让我跟他一起去。可当我把我也要去的方案告诉璐璐时，璐璐跟我说了这样一句话："妈妈，你去可以，但是性质变了。你自己考虑。"听了璐璐的话，我毅然决定：让他自己去！

做出决定后，璐璐便在网上买了四张门票，订了房间，买了地图，等。临走前，办理了银行卡。这些都是由他自己独自完成，不让我参与。

走的时候，我告诉他任何东西都可以丢，别把自己丢了就行了。璐璐上火车后，说实话，我也很害怕。

第二天，璐璐顺利到达上海住进酒店。稍作休息，就去给亲人们买了香烟，然后去熟悉去世博园的路况。就这样，璐璐来回一个礼拜，进园四次，最后安全回家。

一个16岁的孩子，完成了一项一般孩子不敢挑战的任务！他带回了礼物，也带回了永远的自信！这件事是他人生的一个很关键的里程碑，让他重拾自信，从此，努力上进！我之所以冒险拿出这样的决定，就是为了让昔日自信十足的璐璐再次找到自信！我们成功了，原因有一个，我的璐璐从小自理能力、独立能力很强，所以我敢放手。他也相信自己。

璐璐的经历告诉我们，孩子的生活能力很重要！它是孩子生存、生活的必要条件！太多的理论都很抽象，只有事实可以证明一切。如果没有那些看似漫不经心却能受益终生的训练，如果没有我的适时放手，就不会有璐璐成功的上海之行，也就不会有璐璐今天的努力上进与坚持不懈！

妈妈手记　学习能力、生活能力对一个人的成长非常重要，这些能力的拥有都是家长给予的。家长不同的教育方式会塑造出不同能力的孩子。要想让孩子学会独立，学会生活，家长一定要及时放手，让孩子自己去体验生活的酸甜苦辣。溺爱，只能让孩子变得无所适从。放手，从生活中的点点滴滴做起，你的孩子就会变得更优秀！

第二章
培养良好的学习习惯

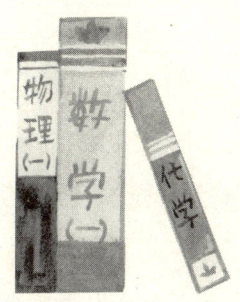

学习能力 > 成绩

辅导过很多孩子，接触过很多家长，可我发现，真正懂教育的家长并不多。

就拿分数来说，家长为了能让孩子多考几分，每次开学前总会买上几套试卷。孩子放学回到家，除了做老师留的作业，还要做家长买来的试卷，久而久之，孩子沦为做作业的机器。即使真能取得比较满意的成绩，也只是重复性训练的结果，孩子的学习能力并没有得到提高。等进入高年级或者升入中学，这样的孩子往往会出现成绩下滑的现象。

小学阶段孩子的智力开发非常重要。

以我带过的一个班为例，这个班里大部分孩子是我从三年级开始带的，一直到初二结束。在小学的阶段，这些孩子成绩差不了几分，可以说都是年级里的优秀学生。可是进入初中后，有几个孩子成绩变得不理想，初中毕业也没考上重点高中。这几个孩子恰恰是只做题不思考的。尽管他们都很努力！

孩子学习，不仅仅是要习得知识，更重要的是培养学习能力。引导孩子正确地学习、思考，在遇到问题时从不同的角度寻找方法去解决问题，即便不能解决，他的思维也得到了很好的锻炼，这就是智力开发的过程。

我做过多次试验，用一道很难的题考同样学习奥数的学生。经历过老师与家长适度引导的孩子会在很长时间内认真专心做题，而其他孩子则一见题难就放弃了，坐在那里东张西望，不去寻找办法，不去动脑筋。这就是能力强弱的一种体现。其实，孩子们的潜力是很大的，关键是看能不把潜力激发出来。

　　我还做过这样一个试验。一次，六年级的学生做数学题。我出的题比较难，开始的时候，孩子们都说不会做。我告诉他们："你们肯定会做！"但毕竟题难，不是说靠几句鼓励就能轻而易举做出来的。

　　"做！"我命令道。

　　"不会！"孩子们回答。

　　我想看看孩子们的潜力究竟有多大，于是，我使出撒手锏，大声宣布："今天谁做不出题，就将接受惩罚。我可不跟你们开玩笑！"虽然我平时嬉皮笑脸地跟他们玩，关键时候我的话他们是相信的。

　　听了我的话，孩子们都着急起来，一下子进入了思考状态。一会儿，一个做出来了，两个做出来了，三个做出来了……当时我高兴极了！等大部分孩子都做出来时，我是激动万分，虽然方法欠妥，但是从中我知道了以后不能忽视孩子的潜能。

　　有时候，孩子说不会做题，并不是真的做不出来，有的是没有认真思考，有的是想依赖别人的帮助，有的是压根儿不想做……对付这样的孩子，我有我的办法。

　　在我的课堂上，尤其在高年级，一个题做两个小时是常事。有的孩子还为此提出意见，说我浪费他们的时间，我总是笑而不答。

　　一个孩子从别的地方转到我这里学习，每次做题都说不会，常常在其他孩子们做题的时候，她大喊："老师，快讲吧！"开始的时候，我为了鼓励她自己思考，会单独给她引导，可是，已经养成坐等答案坏习惯的她在短时间内很难改过来。于是，在以后做题的过程中，我就坚决拒绝讲题。

　　又一次做题，她故伎重演，连想也不想就喊了起来："老师，我不会做！你讲吧。"

　　我说："今天给你们足够的时间让你们思考，这道题我今天不讲了。"

　　接下来，谁做出来，我给谁再找题做。不会做的，可以自己玩，也可以继续做题，但不能说话。

开始的时候，这个孩子还在抵抗，不是看别人，就是自己玩。可是时间长了，她就觉得没意思了，就低下头来去做题了。结果在快要下课时，她终于把题做出来了。我对她说："会做吧？老师知道你能做出来！以后继续！"为了激励她，两个小时就这样僵持过去了，可也很值得。在以后做题的时候，有了自信的她就不像以前那样一看见题就让我讲，而是在我的鼓励下，不断地去认真思考。

作为家长也一样，辅导孩子学习，不是为了让孩子会做某一道题，要留给孩子自己思考的时间，让孩子养成动脑筋的习惯。只有这样，孩子才会具备学习的能力，才会在以后的学习过程中善于动脑、善于思考。

孩子在小学时把思维打开了，到中学学习会很省力，而且学习成绩也很稳定。

所以，在小学阶段家长没必要给孩子买太多的试卷来做，要以提高孩子的能力为主要培养方向。小学阶段多看书，不管是对以后继续学习，还是对提高个人各方面的能力都能起到非常好的作用。这种作用在小学阶段不太明显，一旦进入中学，就会表现出来。

一个初一的学生来看我，她告诉我："老师，我最好的学科就是语文，每次考试都可以上90分。"可是，这个孩子小学语文考试超过90分的时候很少。我曾经一度纳闷儿，在我的引导下，这个孩子看过很多书，为什么成绩就那么不理想呢？但我清楚，她有实力。果不其然，进入初中后，她的语文成绩一直遥遥领先。

一到三年级，璐璐的作业一直跟着老师按部就班地做，因为这时候打基础很重要。可到了四到六年级，别说是做试卷了，就连学校的作业我也不让他重复做。我亲自去学校跟老师说璐璐可以不完成家庭作业，但是保证不掉成绩。就这样，璐璐在四到六年级就很少完成老师的作业。不过，他四、五年级时成绩不是太理想，但我不在意，到六年级时，璐璐意识到了升学的重要性，才用心努力了一把，让成绩提高了很多。璐璐很少做家庭作业，那么他在做些什么？璐璐回家大部分时间在看书、写文章，以及做些比较有难度的题，数量不多，只求精不图多。当然还会弹弹琴，没有忘了个人特长爱好。

　　书读多了，语文各方面的能力也随之上去了。可是在数学方面，我们家长还有必要训练孩子。数学思维跟语文思维有着一定的区别，但也相通，具体训练方法在其他章节会详细陈述。

　　总之，孩子在学校里一定要把字、词基础打好，基础东西理解了，考100分还是90分真的不重要。家长不要为了每次都考100分而让孩子去做一些没必要的努力，既费时，又在慢慢消减孩子的学习兴趣，还可能会"造就"了一个没有创新能力的孩子。

妈妈手记

孩子的成绩固然重要，它将决定孩子是否能上一所好初中、好高中、好大学。但是，在孩子的小学阶段，没必要搞题海战术。磨刀不误砍柴工！小学内容并不深，家长应该在此阶段为孩子以后的学习做一些能力训练、习惯养成的准备。这对以后的学习起着决定性的作用。家长不要为了满足暂时的虚荣心而将孩子丢进"题海"！

学会示弱

家长示弱是激发孩子潜能的有效手段。孩子们都很好胜，尤其在比自己强大的人面前。

在日常生活中，我经常让璐璐帮助我做一些事情。就拿最简单的找东西来说，都可以给璐璐带来很多自信。

我这个人比较随性，东西放得到处都是，每次找不到东西，或者压根儿就不想找的时候，就对璐璐说："儿子，帮妈妈找找。"每当这时，璐璐就会表现出无比的兴奋，说："妈妈，有什么事情尽管吩咐！"

我把他的这种激情点燃在学习中。有时，我故意拿出一道题说："儿子，这道题妈妈一点思路都没有，你给妈妈看看。"

"你也不会啊？"开始的时候璐璐这样问。我很真诚地说："你以为妈妈是神仙啊，所有的题都会做？"

接下来，璐璐就会很执着地研究，有时连饭也顾不上吃。当然了，我找的题必须是他通过思考可以做出来的，这样，他就会有一种成就感，从而对学习产生浓厚的兴趣，觉得努力学习可以帮助比自己优秀的人。如果题太难，做不出来，就会打击孩子的积极性。这个家长要一定注意！

我开始写作的目的之一就是为了引导璐璐重新对写作产生兴趣。璐璐从小很喜欢写文章，可到了初二就不再写了，也不想再提起他过去的优秀。璐璐写文章很有灵性，我不想放弃，便开始自己写作，以此来带动他。在璐璐高二时，我接到一位杂志社编辑老师的约稿——点评作文。第一期稿子我自己完成了，在做第二期时，我就故意说："璐璐，帮帮妈妈吧！第二期我是实在做不出来了，你帮帮妈妈，否则，妈妈完蛋了。"璐璐听了我的求助，看了我的无奈，说："我还有很多作业没写呢。""那怎么办？妈妈做不出来，人家编辑老师再也不用妈妈了。"听了我的话，璐璐很同情地说："那我试试吧。"璐璐答应了，我心里那个美啊，难以言表！我马上把我所有的资料找出来给他看，然后我撤了。让我没想到的是，在将近两个小时后，璐璐替我完成了任务。文章经我修改后，编辑老师那关也顺利地通过了。我高兴极了！他也很高兴！我便顺势激励他说："等你上了大学，也尝试写作吧。"璐璐没说话，但能看出来他已经同意了。

在教学过程中，我也会使用这一招。做题前，我对孩子们说："哈哈，我也遇到不会做的题了，这个题我想了好长时间也没思路。今天看看哪个家伙能青出于蓝而胜于蓝！当然了，胜出者发大奖！"每次这样说，孩子们就会表现出无比高涨的热情，想尽一切办法去思考。

曾带过一个数学只能考33分的五年级学生。让他做题时，我故意给他出一些简单的题让他做。等他很快做出时，我就惊讶地说："我还没反应过来，你就做出来了，没有你这样的！"听了我的话，他得意扬扬地笑了笑。下一次做题时，他做题的态度就发生了改变，更加积极主动去想问题。

不管在学习中，还是生活中，家长适当示弱，可以激发孩子那种潜在的能力，还不会让孩子厌烦，可以说是一举多得。

妈妈手记 家长示弱是一种激发孩子潜力很有效的手段，同时还可以培养孩子的责任感。当家长有求于他的时候，他会想尽一切办法去完成任务。当他因此而得到家长的认可时，就会感到很自豪，当然也极大地增强了自信！

建立孩子求学的自信

在学校里流传这样一句话：考考考，老师的法宝；分分分，学生的命根。是的，在用分数考量学生的教育体制下，成绩对一个孩子来说很重要。但当一个孩子成绩差的时候，做家长的首先不要惊慌、失望，而要找到孩子成绩差的原因，然后有针对性地去帮助孩子。

经过我多年的观察发现，凡是成绩差的孩子，大多数上课不认真听讲，作业不认真完成，对学习也失去了信心。这样的学生经常是老师重点批评、惩罚的对象，回到家也得不到家长的正确引导——要么放任自流，要么赤裸裸地指责、讽刺。

那么怎样才能帮助成绩差的孩子找回自信，对学习产生兴趣呢？

我们在帮孩子的时候首先要从基础入手，从最简单的题做起，这样会逐步增加孩子的自信，让孩子尝到成功的喜悦。这种喜悦可以给孩子带来成就感。每当这时，家长要用惊喜的口吻去赞扬他，这样就会激发孩子学习的欲望和学习的积极性。

有一个孩子从一年级开始数学成绩没上过90分，一般考70分左右。在五年级上学期的时候，她妈妈一直想让我单独辅导她，可是我抽不出时间来，我便建议她去找别的老师一对一辅导她。

这位老师每天中午辅导她一小时。结果一段时间后的考试让她妈妈又一次失望了，原来能考72分，现在只考了70分。于是，她妈妈把这个老师辞退了。

可期末考试前一个月的一次考试，这个孩子只考了50多分。这下她妈妈就坐不住了，风风火火来找我求助，我只好答应了。

　　这个孩子每天晚上来我这里学习。第一次来时，我出了一些与课本有关的题让她做，意在先摸摸她的底，了解一下孩子究竟差在哪里。她很小心把题做完了，一脸的不确定，生怕做得太差了。答案告诉我她确实做得很烂。但是，我当时并没有告诉她，而是很信任地看看她，摸摸她的头。这些细节性的肢体语言给她安全感，也给了她一些安慰。因为第一节课非常重要，我必须帮她在我面前树立一个好的形象。

　　接下来，我又出了几道觉得她能做出来的很简单的题一本正经地对她说："这几道题可能你做不出来，可老师想让你试试。"她抬头看看我，撇撇嘴，什么也没说低头做了起来。能看出来她自信不足，甚至毫无自信。我之所以出这么简单的题主要是为了帮她建立自信。有了自信，一切都好说了。

　　结果她都做对了，我便露出吃惊的神色，摇摇头说："出乎我的意料，没想到你做对了，真棒！"很少听到夸奖的她听了我的话，眼睛亮了，瞪得大大的，问："真的？"我点点头。

　　于是，我又出了几道比上一次略难的题让她做。尽管难了些，但都是三年级的题，我知道她能做出来。可是，让我没想到的是，她用眼睛扫了一遍题就很干脆地说："老师，很难！我不会做。"听她这么一说，我知道她为什么成绩越来越不理想了，因为孩子已经在潜意识里给自己做了判断：数学很差，难题不会做。有了这样的想法，她的思维便产生了惰性，遇到问题不去思考。对这样的孩子，建立自信是提高她成绩的重要途径。

　　于是，我很温和地说："你再读读题，好好想想，肯定能做出来！"她迫于无奈，又读了一遍就要下笔。为了保险起见，我再次强调说："再读一遍题！"于是，她又读了一遍题，这次读题比前两次认真多了，最终硬是把题做出来了。我脸上再一次挂满了惊喜，很诚恳地鼓励她："我发现你不会做题最主要的原因是没认真读题，没有好好地去思考问题！其实，你是会做的。"她用怀疑的眼神看着我，似乎在证实这句话的可信度。

我之所以这样告诉她，主要是为了强化她认真思考问题的习惯。有了这顶帽子，还有刚才得到的自信，在接下来上课的时候，她就会积极主动地认真思考。就这样，在一个月里，我一共给她上了12次课。期末考试的时候，她竟然考到了90分！

可是，过了年后，我又没时间再辅导她。在我的建议下，她妈妈又找了其他家教老师。在五年级快结束的时候，她妈妈又来找到我说："孩子成绩又到了70多分，六年级时一定要辅导她。"

进入六年级，我又开始辅导这个孩子，采用的方式方法和以前如出一辙。很快，又到了期末考试。考试后的一天，我正在上课，手机响了，我接通了，一个惊喜的声音传来："老师，我数学考了96分！""什么？再说一遍！"我简直不敢相信我的耳朵！这次考试，她比班里学习基础好的学生的分数都高。

这绝对不是偶然，也不是碰巧！这与我的教学方法和教学态度有着必然的联系！

这个学生一次次明显的进步验证了孩子成绩差的原因不是孩子智力有问题，而是家长老师的教育教学方式欠妥。老师家长急于求成，每当孩子做错题时就会横加指责，妄下结论，给孩子戴上这样那样的帽子，致使孩子失去自信，失去自尊，最终导致孩子破罐子破摔。

我最近辅导了一个活泼可爱的男孩子。他今年上五年级，自上小学以来，数学成绩很少及格，尤其是到了高年级，每次考试都是30多分。父母找过家教，也去过补课班，可他不是被老师轰了回来，就是每堂课都成为被老师批评的重点对象。看着家长着急得不知如何是好，也看着孩子可爱的样子，我决定帮帮他。

以下是我在辅导他的过程中做的记录：

（一）

今天中午吃过饭后，孩子跟妈妈急匆匆来了。他妈妈问："老师，咋收费？"我笑笑说："凭你的收入，交不起家教费！我帮的是孩子，与钱没关系！"家长听了连连道谢后离开。

孩子笑眯眯地看着我，我还了他一个微笑。

上课开始了。

"老师之所以给你补课，是因为老师很欣赏你！你有信心吗？"我看着他问。

"有！"回答铿锵有力！一直没受到过表扬的他有些激动。

接下来，我开始给他出题了。

"老师，是一年级的题吗？"他好奇地问。

"我也不知道。老师乱出，你就乱做。"我淡淡地说。

"嘿嘿。"他笑了。

知道他基础很差，为了调动他的学习积极性，我刚开始必须出些简单的题让他来做，先从一年级开始吧。

题目出来后，我要求他每道题认认真真读三遍，目的是让他养成良好的做题习惯。然后就是字迹工整，哪怕是一个标点都不能马虎。不一会儿，前两道都做对了，我故意装出惊讶的神情说："哇，真厉害！两道题都对了！"听了我的表扬，孩子眉飞色舞，好不得意！

"老师，快点出题！"他竟然催我出题了。

第三道题略微有些难度，他做错了。

我想：不能在这个时候打击他的积极性，否则，对以后学习没好处。

于是，我像前两次一样给他打了一个大大的对钩。他看了，得意地说："哈哈，又对了！"

接下来，我出的题都在他能做出的范围内，我知道这第一次相当重要！一旦让孩子连续几次失败，就会打击他刚刚激发起来的学习积极性！

等他把所有的题都做完后，我点点头对他说："这里的题，你只做错了一道。你再细心修改一下，肯定能对！"做了这么多题只错了一道，此时，他的心情非常好，高高兴兴地看了那道题后，认真地修改对了。

他放下笔，看看表说："我妈妈咋还不来？"听了他的话，我知道他该休息了。

"老师再给你出一道题，你自己思考，然后给老师讲出来。我想做你的学生，好不好？"我很诚恳地对他说。

"好啊，太好了！"他一听我做他的学生高兴得不得了。

"老师，快出题！"他有些迫不及待了。

趁这个机会，我出了一道略微有难度的题。他看了又看，然后走到黑板前，像老师一样，把主要内容写在黑板上，然后一边列算式，一边给我讲解。结果，真做对了！

看到这情景，我暗自高兴！第一节课成功了。接下来还有时间，但我没再让他做题，而是对他说："给老师讲个故事吧！"

妈妈来接他了，我只评价了两个字："很好！"妈妈带着孩子高高兴兴地离去了。看着他们离开的背影，我长长地舒了口气，也开始对这个孩子充满了信心。

教育孩子，必须尊重孩子，走进他的心里，跟他进行心与心的交流。这样，孩子才能接受你的语言，接受你传递给他的信息。基础差的学生，老师家长不能着急，应该遵循规律，循序渐进，让孩子尝到成功的喜悦，从而增强自信，这样才能调动他所有的灵感去思考问题、解决问题。

2012年11月26日

（二）

午饭后，孩子高高兴兴地被妈妈送来了。说实话，孩子有些辛苦，本来中午可以休息的，可是为了赶课程，孩子必须放弃休息时间来学习。

"五年级的书拿来了吗?"我问。

"没有，你没告诉我。"这小子给忘了。我只好把其他同学的书拿来给他看。

"与你的一样吗?"我问。

"不一样。"

我翻出书里的一道感觉他能做出的题对他说："这样的题你们还没学呢，你试试。"

"真的?"处于好奇，他欣然拿起了笔，不一会儿工夫，题做出来了。我挤挤眼睛说："棒!"

能看出来，他自信了很多，也很高兴。

于是，我出一道比较有难度的题。他看了看，想了想。看他的神情，有问题了。果不其然，在他考虑没头绪时，他开始乱列式子了，我没有去阻止他。等他做完了，我一步步去问他每个式子算出了什么，他却答不上来。

"好好想想，肯定能做出来。"我用很信任的眼神看着他，怕打击他的积极性，我一边给他念题，一边有意提醒他。在我的指导下，他做出来了。

接下来，我找了一道跟上一道题干意思一样的题故意摇着头对他说："这道题，你肯定做不出来!"

"老师，我做!"他挑战的热情被我点燃了。

他用心去读每一字，然后自言自语地反复分析，结果做出来了! 我给他打了个大大的对钩说："你让老师太不敢相信了!"

我的鼓励给了他极大的信心，接下来即便比较有难度的题，他都能做出来。

进行到这里，我知道不能再继续下去了，否则，他会感到厌烦。我说："今天还给我讲故事吗？"

　　"不讲了。"他回答。

　　"好吧，我给你来照相。"说完，我拿起手机跟他一起拍照。

　　这个时候必须见机行事，要让他感到学习的快乐，否则，他的学习兴趣就会慢慢消失。

　　基础差的学生，学习习惯、听课习惯都不好，学习兴趣几乎是零，能激发起他的学习兴趣很不容易，但坚持下来会更难！这个时候就要考验老师、家长的教学智慧了。理想的引导方式能让孩子的学习积极性不断提高、学习兴趣不断提升。

　　在这个过程中，孩子的心理活动得掌握好了，否则，要想提高成绩那是天方夜谭。接下来的挑战还有很多，毕竟只能考33分的学生，他的基础会给教学带来相当的难度的！

　　继续，我已经做好了充分的准备！我有这份自信！GO！

2012年11月27日

（三）

　　任何事情做起来都不是那么一帆风顺的。今天中午果不其然出现了状况！

　　他把练习册拿出来递给我，笑眯眯地说："老师，星期六、星期日还上课吗？"

　　"不上课。"我一边回答他的问题，一边想：要有问题了。

　　"那我们什么时候放假啊？"他又追问。

　　我知道他天天这样紧锣密鼓地学习会不习惯的。于是便问："不想学习了？"

　　"没有！"他摇摇头。

"那说说你的想法！"我用理解的目光看着他。

"老师，可不可以今天上，明天不上，然后再上，再不上？"他边说，边在本子上写出"上、下、上、下"。

我知道，这几天他马不停蹄地学习已经打破了他原有的懒散习惯，但要想保持良好的学习习惯需要个循序渐进的过程，如果强迫，效果是不会理想的。接下来我问："是不是有些累？"

他点点头。

"那好吧！老师听你的话。但是，你也得听老师的话，在学校里好好学习，争取期末考试进步！否则，你妈妈会埋怨我的。"我很认真地对他说。

"真的？"他睁大眼睛问，分明不相信我的话是真的。

"真的，从下星期开始，你可以隔一天来一次。"

他听了我的话喜出望外，迫不及待地说："老师，咱们开始吧。"

看着他高兴的样子，我心里的压力有些大了，这样的状况能维持多久？他的新鲜感会不会很快就过去了？

今天的题比前两天的题难不少，可他做得很认真！可是当第一次没做对我让他再想的时候，他就开始发蒙了。

我看着他说："你能想出来！再读题！"

于是他又乱猜一次。

"再读题，老师知道你能做出来！"我看着他说。

也许是见过不了我这一关，也许是鼓励起了作用，在我不断提醒下，最终他把题做对了。

接下来的题做得很顺利，他也很高兴，冲着我说："老师，学校老师表扬我了！"

"表扬什么了？"我睁大眼睛问。

"说我计算严谨了，字迹也工整，上课听讲也好了。"他一连串说出这么多。

"那太好了！你再说一次，我还想听听！"我故意这样说，看看他是不是在说真话。

　　"老师表扬我的字写得比以前好了。"

　　我一听就这一句了，肯定是假的，但我没有说出来，而是很高兴地说："继续努力！老师很高兴！"

　　时间一分一秒地过去了。

　　"我想给你发奖了！"突然，我对认真做题的他说，想激励他像他自己说的那样去做。尽管他说的是假话，但强化他这种心理也是十分重要的。

　　"把奖放在一边，做题！"他一本正经地说。

　　我的心里暗暗好笑，没用多长时间，我们的任务完成了！接下来还有一段时间，但我知道他的学习激情已经被点燃了，见好就收吧！于是，我就奖品问题跟他讨价还价了半天后让他离开了。

　　孩子像小燕子一样飞了出去，看着他开心地离开，我摇摇头想：后面的困难会更多！

　　随着知识的加深，他基础差的困难开始显现出来，要在期末考试前提高成绩，这是一个不小的挑战！我既然接受了他，就要成功！否则，这个孩子的家长也会从此放弃他！找我是他们的最后一搏！

　　我有信心，虽然很费劲！孩子，我们一起加油！为了你的明天、前途，为了你人生轨迹的改变！

2012年11月29日

　　我的笔记就做到这里了。在后来辅导这个孩子的过程中，我在逐步加深教学内容的同时，也不断巩固前面与五年级课程有关的知识，这样，孩子在学习五年级课本知识的时候可以前后衔接起来，学习会更加轻松一些。在我的不断引导、鼓励、奖励下，孩子期末考试进步到71分。

这也是一个很成功的案例，这样的教学方法可以给家长朋友们借鉴和学习。

当我们的孩子学习成绩差的时候，家长首先要端正自己对孩子的态度和认识，不要把希望寄托在补习班里。家长是帮助孩子的最佳人选，家长必须不断提高自我，理解孩子，了解孩子，真正地爱孩子。

从这两个案例我们可以看出，激发孩子学习兴趣和积极性最重要的途径就是帮助孩子建立自信。这个自信需要家长的鼓励，要让孩子不断尝到成功的喜悦。

成绩差的孩子很少能得到老师家长的表扬，可以说他们是在批评、挖苦中成长，他们的心理健康因此受到伤害。他们不能正确地看待自己，只能凭着大人的评价来认识自己。

所以，当孩子成绩差的时候，作为家长要给孩子安慰，然后找出问题去帮助孩子改正。这时，家长便是孩子强有力的后盾，家长的理解和帮助可以给孩子力量！

没有教不好的孩子，只有不恰当的教学方法。

我辅导过一个初二学生。来之前，他爸爸在电话里说他数学120分的试卷只能考40分，让我帮他。这是第一次有成绩这么差的初中学生找我补课。听了他爸爸的话，我心里很没底，心想：都上初二了，成绩这么差，能补到什么程度？像这样的学生很多老师是不愿意带的。因为很难带出成绩，而且一旦失败，也会影响老师的声誉。可我听了家长的那近似哀求的语气，还是答应试试看。

孩子来了，一摸底，我几乎没了信心，连小学六年级的通分、约分都不熟悉，解答应用题的基础也很差。说实话，带这样的学生压力很大，但是，我是个喜欢挑战的人，越是这样的学生，我越想把他带起来。

于是，我让他每天来我家一个半小时，集中补习数学。既然这么差，就给他从头补起。就这样，一直补到月考，100分的题他考了73分，进步很大。他爸爸非常感谢我。

那你一定想问这是为什么？我有我的想法。要想让一个初二的孩子进步，就必须让他有学习的动力。

我很少一对一带学生，不是特殊情况、特殊关系，很少有人能让我这么带，毕竟时间和精力有限。而这个孩子来我的大班学习的第一节课后，我就对他说："我想单独带你！我觉得你能行。"我首先肯定了他，给了他自信。然后，他爸爸说："老师，这学费咋收？"我说："我带他不是为了学费，而是觉得可以改变这个孩子，所以我才决定带他。我不收学费，要的是他的进步！"听了我的话，他们简直不敢相信这是真的。孩子感动极了，家长也很感动，于是我们的师生关系建立起来了。在我的感化下，这个孩子端正了学习态度，那进步就是很自然的事情。

像这样的案例还有很多，我不在这里一一列举。进步的前提是必须找到走进孩子心里的突破口，从突破口出发，逐一引导，循序渐进，让孩子自己想学习，爱学习，这才是根本。

再者，凡是成绩差的孩子，大都在很多方面需要得到提高。家长在引导的时候万不可全面抓起，应该先从一个点开始，等这个点进步了，再进入下一个。这样，孩子不会有很大的压力，还能在比较短的时间内有所进步，进而可以给他们带来成功后的那种快乐，然后有信心、有兴趣地进入下一个进步点，甚至是主动地。如果家长在同一时间段要求孩子把所有不足的地方同时提高，孩子就会失去信心，产生烦躁感，而且全面提高是很难做到并且坚持下来的。

我举的事例中的方法很适合一对一教学。家长要更深层次地学习其中的内涵，然后自己去随机应变。一个孩子一个个性，同样的问题不同的方法，但是教育理念是相同的。当孩子遇到困难，家长一定要自己首先有信心把孩子带好，才能有信心去教育孩子、引导孩子。

妈妈手记　孩子成绩差的原因有很多，可千万别以为孩子天生就是这么笨。所以，家长不能自己先失去信心，觉得孩子上学没指望了；更不能对孩子放任自流，或者挖苦指责，这样做的后果只能让孩子更自卑，甚至会失去学习的积极性！孩子成绩不理想，家长首先要安慰孩子，然后去鼓励孩子，帮助孩子！只要方法得当，成绩提高不是问题。

兴趣是阅读的第一步

我从事教育20多年，在这期间，首先受益的是我的儿子璐璐。他在学龄前就识字将近2000个，可以自己独立读书看报。小学期间，他对书可以说是如饥似渴，买回一本书，有时一个章节看不完连饭也顾不上吃。

璐璐从一年级开始在报刊上发表文章，四年级得到全国不分年级，有6000人参加的故事大赛二等奖（一等奖五名，都是中学生；二等奖15名中有两个小学生，璐璐是其中之一）。这是一件非常不容易的事情，6000名参赛者的后面就至少有6000名辅导老师，其中不乏特级教师，甚至高级教授，而我，只是一个普通的妈妈。其实，妈妈只是起着一个引导的作用，要真正写出好文章其实还靠孩子自己，而孩子的写作能力与其阅读量是有很大的关系。

阅读的好处有很多，可以开发智力、提高理解能力、增强分析能力、锻炼想象力，还可以增长知识，提高文化素质。如果这个习惯养成了，孩子将会受益终身！

可是一个良好习惯的养成不是一朝一夕的事情，这是一个漫长的过程，需要家长付出耐心和爱心。

如果说家长已经错过了对孩子非常重要的学龄前阅读训练，那么从现在开始，还不晚。一个没有养成阅读习惯的孩子，想让他突然自觉坐在那里专心读书是不可能的。要想让他对书产生兴趣，家长首先要自己开始读书，让孩子对书有新的认识，然后，再精心挑选一本很有趣的书，介绍给孩子。让孩子自己从心理上先接受，这是培养兴趣的关键。这个兴趣一旦产生，就成功了一半。要想巩固这个兴趣，家长要每天亲自给孩子读书。其实，有时不是孩子不喜欢读书，而是觉得自己读着没意思。或者有的孩子年级比较低认识字有限，读起书来很困难，断断续续，不能把意思连贯起来，读不出其中的乐趣，也就没有读书的欲望，反倒会产生恐惧感。所以，家长的引导作用尤为重要，家长给孩子读书是培养孩子阅读兴趣的一个很重要的环节。

并不是你每天捧着一本书给孩子滔滔不绝地读，孩子就会喜欢听的。读书需要互动，要让孩子参与进去，才能使孩子的听书兴趣与日俱增。

从学前开始，我便每天给璐璐读书。虽然在学前他已经认识很多字，一般的阅读根本没问题，但我还是一直给他读书。

在读书的过程中，我会让他参与进来。有时，我们声情并茂地比赛，看谁读得绘声绘色，这样既锻炼了他的朗读水平，也锻炼了他对文章的理解和对人物的内心世界的解读，还可以让他勇于表现自己。为了能胜过我，璐璐会很认真地读。有时，我故意败给他，让他尝到成功的喜悦，然后他期盼着下一次的比赛，甚至为此去提前做准备。这就是自觉阅读的开始。

比赛是其一。其二，读书的时候，适时给孩子提一些问题，这样能调动他认真听讲、思考问题的积极性。我给璐璐读书的时候，我会问他遇到这样的问题，你该怎么办？然后跟文中的主人公对比，看谁的方法好。如果他想出的方法更好，他会高兴地说："妈妈，下次我还跟他比。"当然，判断这个方法好坏的权力在我的手里，不能每次都让孩子胜出，恰到好处的失败，让孩子体会挫败感，锻炼他心理承受能力，还可以激发他的斗志，让他下次会更认真考虑问题。可是一定要记住，家长的意图不要让孩子看出来，问题不能问得太频繁，否则，孩子会产生厌倦而抗议。

为了锻炼他的想象力、语言表达能力和思维能力，我还会在故事讲到关键点的时候让他续编后面的故事。我问："你说后来怎么样了？猜一下。"每当这时，他就会很积极地、滔滔不绝地编一个故事的结尾，或者其中的一个情节。开始的时候，为了不打击他的积极性，我会把他跟故事编得不一样的地方在讲故事的时候重新编一下，尽量跟他的意思一致，他就会表现得异常高兴！

在读书的过程中，我们还可以给孩子解释一些好词好句。比如在读到运用了修辞手法的句子，我们可以提高读书的声音，这样可以引起他的注意，还可以一边读故事，一边加上肢体语言，用跟孩子玩的场景进行，让他感觉更适合他的心理需求，让他觉得妈妈在跟他玩，而不是那么枯燥无味。

不管我们家长讲故事的过程多么精彩，都是在为孩子进入独立阅读做准备。在这个准备的过程中，我们不能为了追求效果而每天没完没了了追着孩子讲故事，这样会让孩子感到厌烦。最好的方法是让他有饥饿感，跟吃饭一样，当自己觉得饿的时候，自己会主动找吃的。我给璐璐读故事时，有时读几个过后，就故意不再给他读。这样，他就希望明天妈妈再给他读故事，或者自己翻书看，这样可以延续他听故事的兴趣。

如果遇到有趣的故事，我会找借口说："妈妈现在要去做一件很重要的事情，等一会儿过来再给你读。"这时，故事中的有趣情节已经把孩子带入一个迫不及待的情绪，于是，他就拿起书，自己阅读。一会儿后，我就会急匆匆地过来说："儿子，妈妈给你讲刚才的故事。"璐璐就会很开心地说："妈妈，我自己读完了。""啊！"我故意惊讶，"你自己读完了？真没想到！"这样的鼓励会让孩子很自豪。这时，我就会嬉皮笑脸地说："讨厌，谁让你读完的？我还想听，你给我讲吧。"看我如此信任他，他就高高兴兴地把故事讲完。这无形中又锻炼了他的口语与表达能力，一举多得！

就这样，在璐璐学前认识将近2000字的情况下，我给他读书一直到四年级。每天晚上，他就会抱一摞书放在床上，每本讲一个故事。我不会因为他自己识字很多而不自己去读责怪他。因为读书必须是在心甘情愿的心理状态下才能达到最佳效果。让我没有想到的是，有一天，他突然对我说："妈妈，以后我不用你给我读书了，我觉得那样没意思，以后我要自己看书。"从此以后，璐璐再也没让我给他读过书。每天放学做完作业后，他就会拿起书自己读，有时一个故事看不完连饭也顾不上吃。

阅读习惯的养成固然重要，但是选书也需要动一下脑筋。

在开始训练孩子自己阅读的时候，尤其是低年级，我们要选一些内容短、带拼音、字比较大的童话故事来读。因为这样内容短小的书不会给孩子带来阅读困难。随着孩子年龄的增长，我们在选书的时候，题材尽量宽泛，让孩子的兴趣更广泛一些。最理想的选书方法是把孩子带进书店，让孩子自己选，挑自己喜欢的书。家里的藏书要分为家长给孩子读的书和孩子自己读的书。家长给孩子读的书内容可长可短，种类也可以多选。因为孩子的个性、性别不同，对书的内容的偏爱也有所不同。但是为了能让孩子获得更多的知识，全面发展，家长在给孩子读的时候，可以读一些孩子平时不太喜欢读的书，这样会相互补充，循序渐进地培养孩子的兴趣。慢慢地，孩子自己也会喜欢读此类书。

在我接触的很多家长中，他们为了提高孩子的写作能力，给孩子买来大量的作文书，强迫孩子看不少作文，结果孩子写起作文来还是涩于下笔。究其原因是作文书的内容死板，不能给孩子带来阅读的快乐，只是屈服于家长的威逼利诱，看只是看了，内心并没有真正接受，所以收获甚微，读了也等于白读，甚至比不读还糟糕。所以，要想让孩子喜欢上阅读，必须给孩子选择他喜欢的书。

还有不少家长，给孩子买书时很死板，买回一本书，非得看完才买第二本。这样的思想非常不正确，一本书的内容比较单一，孩子如果每天面对就会产生厌恶情绪。我给璐璐买书，只要他想要的，我就会给他买来，哪怕是买来暂时一篇也不看。可我发现，突然有一天，他会拿起那本书看得不舍得放下。兴趣是在自然状态下培养的，一旦加入强迫的成分，效果就会不太理想。再者对孩子任何行为的规范，必须符合孩子的成长规律，尊重孩子的意愿，才能事半功倍。

　　还有的家长不让孩子看课外书，说没有用，怕影响学习。我可以用我20年的跟踪教育教学经验告诉你：阅读，让人受益匪浅！

　　写作离不开阅读。巧妇难为无米之炊，没有广泛的阅读，就没有知识的积累、词语的积累、想象力的训练、语感的形成。"读书破万卷，下笔如有神。"这句话大家都知道，书读得多了，自然在写作中：文思泉涌，下笔千言。璐璐从小写出很多文章，发表过很多文章，与他从小听过、看过很多书有着很大的关系。

　　数学离不开阅读。阅读可以开发智力，能更好地理解问题，尤其数学题更要一字一句去理解，一字之差结果便会大相径庭。我带的学生中，有些孩子从小不喜欢阅读，做题连题也读不懂，何谈能做对？遇到文字多一些的题目，不读题就放弃说不会，因为他看见那么多文字就已经产生了厌烦感。大量的阅读，可以提高孩子的理解能力和反应能力，他的空间想象能力也会得到锻炼，这对学习其他学科有很大的帮助。

　　璐璐不只语文好，数学思维也相当灵敏。在他三年级时，一次，我跟他比赛做数学题，我还没把图画玩，他就做出来了。在璐璐五年级时，我的六年级学生考重点中学，他们打电话来请教问题，我一边抄题，璐璐就能把题做出来。教过他的老师没有不佩服他的。这一切，也与他大量阅读是分不开的。

　　根据我对学生的跟踪发现，从小阅读量大的学生，在进入中学后学习起来很轻松，对文科的学习能够理解性学习记忆，而不是死搬硬套。我有一个小学不喜欢看书的学生，上初中后，历史政治成绩总在60分左右。一次，我问她："你背了吗？"她很无奈地说："老师，我连练习册的题都背了，可就是考不好。"像这样的学生很多。璐璐自从上初中后，没见过他背过文科知识，只是见他在考试前几个小时翻翻书，成绩就可以上90分。中考的时候文科综合120分，他得116分，连老师都不敢相信。为此，我们一早上查了三次成绩，才确信。这一个个的事实充分证明了阅读对各学科的重要性和联系性。

　　阅读，可以让孩子懂得更多的道理，明辨是非，分清善恶。现在的孩子由于各方面的原因，跟社会接触的机会很少，有很多东西需要通过书籍去学习了解，去掌握更多的社会知识、自然知识、人生知识。

　　总之，阅读是终生学习，这个习惯一旦养成，就会造就一个有素质、精神生活丰富的人。当然，我们家长必须得以身作则，少说，多做给孩子看。有的家长每天大吼："你看书去！"然后自顾自地去看电视、玩电脑、玩手机等，孩子在这样的家长的影响下，他能安心看书吗？他能觉得看书是一件很有意义的事情吗？我在教学中很注重对学生阅读的培养。可有很大一部分家长会抱怨说："让他看，他不看，我也没办法！"看着他们的无奈，我便调查我的学生：当你在家时，妈妈在做什么？几乎所有的学生说妈妈在玩电脑手机，或者看电视。这样的家庭氛围能培养出爱读书的孩子吗？还有的家长给孩子买名贵的衣服连眼也不眨，可买本书就那么费劲！这样的家长只想要孩子的优秀，自己却不想付出。

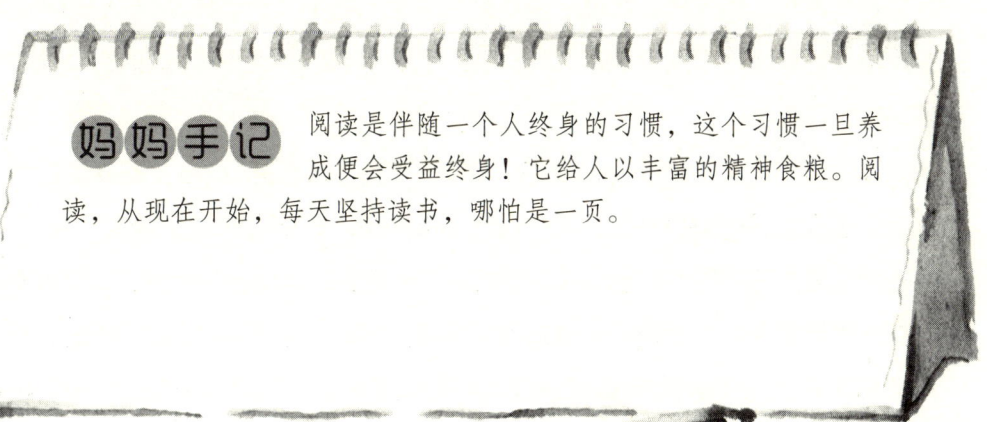

妈妈手记　　阅读是伴随一个人终身的习惯，这个习惯一旦养成便会受益终身！它给人以丰富的精神食粮。阅读，从现在开始，每天坚持读书，哪怕是一页。

循序渐进的写作指导

在学校的语文教学中，很少有老师会拿出一堂课来专门讲读如何写作，往往是由老师直接出一题目，让学生写。

喜欢阅读的学生还可以多少能说出几句，可是，阅读量很少的学生只能寻求父母的帮助。于是，就出现了一系列不科学的家庭教学方式：有的家长给孩子说，孩子写在本子上；有的家长买来很多书，需要哪篇，直接让孩子抄写；有的家长更省事，直接从网上搜索，然后让孩子抄……更多的是家长把孩子送进补习班。遇到一个教学方法正确的老师也还好，遇到一个教学方法欠妥的老师，浪费了金钱和时间，结果还是一无所获。

写作训练跟阅读是相辅相成的。一个孩子如果不读书，就是找再好的老师辅导也写不出好的文章。所以，要想让孩子写出好文章，首先要培养孩子阅读的兴趣，让他喜欢上阅读，在此基础上，我们有目的地再做一些训练，写好文章就会水到渠成。

我训练璐璐写作是从说开始的。在他学前时，我们就开始了编故事游戏。路上、被窝里、车上都会留下我们说故事的情景。璐璐随心所欲地说，我就以很快的速度记在本子上，这样的游戏从学前一直到三年级。一年一个16开大本，一直保存到现在。平时为了能激发他说故事的兴趣，我会在他编故事的时候把声音录下来，然后放给他听。他听了自己的声音后会很兴奋，就会说："妈妈，再录一个。"

其实说就是写作的另一种形式，这样的方式会为孩子以后的写作打下良好的基础。因为孩子很小的时候，写字的基础很差，写字的速度也跟不上思维的速度。所以，孩子说，大人记，是训练写作很好的方式，也是一种很好的启蒙途径。下面是璐璐口述发表过的文章。

神奇的花

我梦见，树上开满了五颜六色的花，飘着清香。

我摘下一朵，把它插在花盆里，多美丽啊！我给它浇水、施肥，它很快就长成一朵与众不同的花。它有七彩斑斓的七片花瓣，你想实现什么愿望，就摘下一片对它讲，你的愿望马上就会实现。（6岁　发表于《智力开发报》）

太阳和乌云

今天，太阳早早起了床，闲着没事干，去找乌云玩。太阳对乌云说："咱俩玩赛跑吧。"

于是，太阳和乌云就比赛起来。太阳跑啊跑，终于得了第一。可乌云硬是赖皮，说这次不算，要重来一次，所以，他俩就吵了起来。乌云吵不过太阳，一气之下就把太阳遮住了；太阳一放光芒，把乌云吓跑了。（学龄前　发表于《读与写》）

小熊和月亮姐姐

一天晚上，小熊看见月亮姐姐愁眉苦脸，十分难过，就关心地问："月亮姐姐，你为什么这么苦恼呀？"月亮姐姐叹了口气说："刚才，我正在捡星星，一不小心，摔了一跤。星星撒了满天，这可怎么办呀？"

　　小熊想了想，高兴地说："别着急，等一等，我已经想出了一个好办法，马上就可以把星星捡回来。"小熊说完，就拿起彩笔在纸上画了好多五颜六色的星星，画完之后，他急忙把长颈鹿请来，让长颈鹿把星星送给了月亮姐姐。

　　月亮姐姐收到之后，非常高兴，感激地对小熊说："小熊，谢谢你！"（一年级　发表于《小学语文报》）

孙悟空逛超市

　　今天，孙悟空来到一座超市。啊！这儿真美呀！吃的、穿的、用的，应有尽有，把孙悟空看得眼花缭乱。他摸摸这个，看看那个，觉得样样都很精美。突然，他的手碰到一个布娃娃。布娃娃向他眨眨眼睛，他好奇地又碰了碰，布娃娃却向他甜甜地说道："你好，我爱你！"

　　"不好！这儿有妖怪！"孙悟空大吼一声，抢起金箍棒就要向布娃娃砸去，旁边的售货员见了急忙拦住说："这不是妖怪，她叫智能娃娃，是高科技产品。"孙悟空听了售货员的介绍，不好意思地低下了头。（一年级　发表于《小学语文报》）

　　写作训练是个循序渐进的过程。在孩子一年级时候，我们可以让孩子看图说话。家长跟孩子一起给图中的小动物起名字，猜它在干什么，说了什么话，心里怎样想的等。在这个过程中，家长不要一味让孩子说，家长也要参与进来。孩子一种思路，家长一种思路，这样就会无形中告诉孩子一幅图可以编出很多个故事，这样孩子就会有信心，不会怕编不好而思维受到约束。在训练初期，家长千万不要打击孩子，说"这句说得不好"，"那句说得不理想"等，这是大忌！只要孩子能说出来就是最好的，只要是孩子说出来的，我们就把它记下来。随着时间的推移，孩子的口述作品会越来越多，他也有时会翻看。看着自己越来越多的作品，孩子会很开心的，这样还能激励他编出更好、更多、更长的故事。

在孩子见图就能说出故事的时候，我们就可以抛开图跟孩子一起"胡编乱造"了，在这时，我们还可以引导孩子加进一些好词好句。那么怎样引导孩子才能让孩子觉得有趣味呢？显而易见，阅读是一个积累词汇的重要渠道，而更具体、更形象的做法是跟孩子一起表演。比如，加进一些描写动作、神态的词。妈妈表演，让孩子描述；孩子表演，让妈妈来描述。最初表演的时候，孩子先描述，妈妈表演，这样可以让孩子领会词语，孩子接下来的描述也就不那么困难了。表演的过程中，还可以多鼓励，激发孩子的表现欲，锻炼孩子的表演能力。教育孩子在点点滴滴，时时刻刻，看上去是在玩，实质上则培养了孩子很多方面的能力。要做到这些，家长要做有心人。

这样的活动应该持续到三年级。因为一二年级孩子不会写的字很多，如果非要孩子自己把编的故事都写出来，那就会连编故事的积极性也给消灭了。当然，偶尔练练笔也不是不可以，但不能要求过高。

璐璐虽然学前认识那么多字，但是我从没让他自己写字，一二年级时基本都是他编我写。在璐璐进入三年级后，学校里开了作文课，璐璐便真正进入了写作。可是开始写出的作文总没有编出来的精彩，我知道这是一个过渡阶段，由说到写的一个过渡。我没有着急，只是告诉孩子，慢慢就会好的。在这个阶段，我还是会把他的口述作文记在本子上，就这样，时间不久，他的书面作文也进入了最佳状态。很明显，对璐璐来说，写作文不是一件困难的事，因为前期口头作文的训练和长期阅读的积累，给他的写作打下了坚实的基础。

在一二年级的时候，璐璐大多数的创作是具有想象力的童话，偶尔也写写小诗。随着进入三年级，我对他的训练也有了进一步的深入，尝试着写纪实作文，也就是记叙文。

为了能让璐璐有话可写，我会经常故意带他做一些有意义的事情。

一次，我们一起去赶集。在去的路上，遇见一个卖卫生纸的跛腿人拉着一车纸在上坡。璐璐见了对我说："妈妈，我去帮助他。"我笑笑说："我不管你，自己决定。"听了我的话，璐璐急忙上前帮助推车。回来后，我们一起把上午发生的事情按照事情的来龙去脉写下来，后来这篇文章在北京的《孩子天地》上发表了。

还有一次，我让他给我和面。那是他第一次干这个活儿，我没有给他任何帮助，他手忙脚乱，但忙得不亦乐乎。等把面和好后，自己也变成了一个面人。然后，这个过程也被记录下来，发表在一家山西的语文报上。

第一次和面

"朋友啊，朋友，你可曾和过面？如果你和过的话，请把技术告诉我……"我一边和面，一边唱着歌。

今天我们做面食，妈妈决定让我和面，我高兴极了，心想：我不光会淘气，而且会和面呢！

和面前，我先回忆一次妈妈和面的过程，然后盛了三勺面倒进盆里，又往里面倒了些水。看着那稀不啦叽的面，我真有些狗咬刺猬——不知如何下（口）手了。可不管怎样，总得和呀！

我挽起袖子，两手往面里一插，先把水和面搅拌了一番，接着就使劲地揉。起初和得很顺利，可是后来有一部分面不黏稠，我只好再加点儿水，这一加不要紧，面是黏稠了，可水又多了，我只好再加面。大约和了半个小时，面终于和好了。

望着那白花花的面团，我心里高兴极了。不过，这时我也变成了"白雪公主"，全身都是面。袖手旁观的妈妈看我这么狼狈，忍不住哈哈大笑起来。

妈妈，请别笑我这么狼狈，要知道这可是我第一次和面啊！

有的孩子写不出作文，是因为不注意观察身边的事物，一到写作文的时候，就会抓耳挠腮，说什么没有要写的事情啦，我的生活很单调啦……出现这些问题，我们不要埋怨孩子，毕竟孩子还小，没经过引导写不出来是很正常的。

那么，作为家长，我们怎样才能在有事实的情况下，让孩子写出精彩的作文呢？

其实，家长只要引导几次就可以达到一定的效果。比如发生一件事情后，带着孩子马上把刚才发生的事情记下来，否则，时间长了，孩子就会把具体情节忘掉。在引导的时候，用提问的方式进行，比如：为什么会发生这件事情？当时是一个什么情况？你看到了什么，然后心里是怎样想的？然后你是怎样做的？在做的过程中，你说了什么？等等。这一系列的引导，其实是涉及了人物的语言描写、动作描写、心理活动描写、神态描写等。这样一步步引导，领着孩子做事情，然后记下来，用不了多长时间，孩子写的作文就会有质的飞跃。下面这几篇发表过的文章都是璐璐的真实经历。

"大嘴"

有一个人，他像卓别林再生，马三立二代。他，就是我四年级的一个同学。究竟是谁？不告诉你！

要说此人相貌，只有一个特点，那就是嘴相当大！只要他一笑，你准找不到他的鼻子，可以说，他的嘴跟他的脸严重不成比例。有人说这嘴大可以吃四方，可对他来说，嘴大就一个特点——说！

他这说可就不一般呐！每天说的"流量"比我们所有同学的话加起来的还要多。我们上四年级那一年，纪律流动红旗从没光顾过我们班，这其中得有他百分之九十九点九是他的"功劳"！

也怪我们当时的班主任太善良，总是开导他，想让他"回头是岸"。滴水还可以穿石呢！可他，也许是金刚石，愣是兵来将挡，水来土掩。可能他研究过毛主席的《论持久战》，积极采取你进我退，你退我进的战术，每次对付老师的从严发落（迫不得已后的老师），他就会乖一些，等风平浪静时，他又开始兴风作浪。

在课上，老师是主角；在课下，那就是他的天下了。老师刚一出教室，他便双手擂桌，大声喝道："各位先生们，女士们，同胞，海外侨胞们：现在的假东西可多了，什么假烟，假酒，假文凭……这天下就王八真，还叫假（甲）鱼！"听了他的话，同学们便哈哈大笑起来。

"一伞兵夜间跳伞，为避免在空中与人相撞，在身上挂满了闪光灯。他错落在一个妇人身旁，就问那个吓得哆嗦发抖的妇人那是什么地方。""地球。""哈哈哈……"眼看上课铃打响了，他还在手舞足蹈着滔滔不绝地演讲着，逗得同学们笑声不断。岂不知，这时老师已经站在门口用玻璃球大的眼睛瞪着他。

像这样，他在我们班搞笑史上有着辉煌的一笔。可在学习上与搞笑相比，那是相差十万八千里啊！他自认为学不在深，作弊则灵！每次考试，他都会求爷爷告奶奶地抄同学们的答案，可最后成绩还是倒着数。每当这时。他总会摇摇脑袋，略带遗憾的口气说："失误，失误，有兴趣，看哥们儿下次的！"说着，眉毛一扬，把头一甩，"下面请听……"接着，又开始了他的演说。

要说这个人那是相当有特点。让我难忘得很呐！可名字却一般般，还是不告诉你。不过，你要是想找他，就去六（2）班，别忘了，那个嘴最大的！

唉，双休日

枯燥无味的双休日挑战着无所事事的我，无聊和孤独围着毫无准备的我。一阵风吹过，我如梦初醒，想着下午该做什么。

人家孩子的双休日都是爸妈陪着出去玩，而唯独我妈却还要给学生补课。伴着欢笑和读书声，我坐卧不宁。难道就这么待下去吗？不！我要结束这无聊的时刻。接着我便寻找起了事情，先把作业做得一干二净，只是作文还一字未写，这样的环境能写完才怪呢！

对了，劳动老师布置的缝口袋任务还没有完成呢！我终于给自己找了份合适的"工作"。

缝口袋最重要的是布料，老师说要用棉布，到哪儿找呢？无意中，我来到了小屋，正好，我看见了一块儿非常大的毛毯，而且非常柔软！正合我意，真是踏破铁鞋无觅处，得来全不费工夫！于是，我三把两下就把毛毯剪下来一条，嘿嘿，一块原来方方正正的毛毯被我剪成了多变形，我也不以为意。针线备齐了，我就开始缝口袋。

谁说针线活儿是女孩子的专利？今天，大丈夫我来个大显身手：我一手拿针，一手捏线，眯着眼，让线向针眼里凑……谁知刚到针眼旁，线倔强得死活不肯进去。我反复试了好几遍，功夫不负有心人，我的诚心终于感动了针线，然后打了个结。我使出看家本领——串针法，一片一片地串起来。不知道用了多长时间，口袋OK了！可我手艺欠佳，那线就像长虫一样，弯弯曲曲地爬在口袋上。

我望着那方不方、圆不圆的口袋情不自禁地笑了。正在这时，妈妈下课进来，看见我的佳作后，说："这不是毛毯吗？你怎么能把那么好的毛毯剪了呢？"尽管我解释得已经口干舌燥了，可妈妈还是不心软，什么大材小用了，不分轻重了……全都往我脑子里灌，我也只好认了。

唉，双休日。

小王说事儿

欢迎进入《小王说事儿》，以前都是你们向我说事儿，今天就我跟你们聊聊家常。

本期话题：我妈。

我妈呀，和一些女同志一样，爱唠叨，还爱听我说学校里的事情。后一条可棘手了，一般男人嘛，多干事情少说话，利利索索的，不是说"沉默是金"嘛！可我的妈妈非打破这优良传统，每天追着我问学校里有什么事情，就像电话里的语音提示系统一样，重复无常。我呢，则是个干"大事业"的人，从不计较那些闲人俗事，当然，每回都要挨"当头炮"！

当然，这样的遭遇不仅仅是我的个人"享受"，另一个"受益者"是我爸。每当老爸回家，语音系统就马上开始新一轮的工作。只不过老爸记性好，能答上来，再说了，他不敢不答呀，只是一问一答，就像挤牙膏一样，挤一下，出来一点。

最可气的是，每当我们向她汇报情况时，她听不明白就会说什么"不会说话"了，"表达不清"啦等无稽之谈。真叫人受不了！

最让我不明白的是，但凡我向她报告和同学发生的纠纷时，明明我没错，可她总会说："看你在家这样，我就知道你在学校里啥表现，甭说，又招惹人家了。"以前，教我的一位老师说过我口才好，将来能当律师，辩护可是我的看家本领："现在可是法治社会，什么事情都要有证据，可不能信口开河……""……"每当这时，妈妈就会哑口无言，一脸的不高兴！

像这样的事情几乎每天都发生在我家，不过还挺有意思的。其实，妈妈的每一句唠叨和追问都体现了她对我们的关心和爱，尽管有些强词夺理。

亲爱的朋友们，我想在你们的身边也会有这样的事情吧，千万别学我，毕竟父母是为咱好！

好了，今天的《小王说事儿》就……

哟，还有一位要问我妈的身高啊？那好，如果你们觉得高的话就跺三下脚。

是1626毫米。

瞬间，发生了6.2级的地震……

挑战无处不在

我这篇文章的创作地点是学校。我一般是不在学校写作的，原因太吵！但这节美术课后，我破例奋笔疾书。

啊！难忘的美术课，不，很难忘！不，特别难忘，外加九个感叹号。如果这件事换作你，你也会这样感叹的。

话说公元今年今月今日上午的美术课上，老师郑重其事地说："这节课我们写生。"说话间教室里发出了空前的掌声，这是我们班同学对新事物通常的第一反应。

"那么接下来选一名模特。"老师接着说。面对这个挑战，全班同学毫不犹豫地举起了手，像森林里的树枝参差不齐。"王璐璐！"老师叫道。

哇，居然选我！我简直不敢相信自己的耳朵，我兴奋极了，脸上马上升起了灿烂的太阳。就这样，我脱颖而出成了我们班第一代模特。我搬着椅子在众目睽睽下，神气十足地走上讲台。老师让我摆了个造型——跷起二郎腿，且手托腮不许动。我按照老师的指示一本正经地坐在那里，眉飞色舞地环视着全班。看我得意的样子，这下可红了台下同学们的眼，有的伸大拇指，有的做手势……台上的我更是一副不可一世的架势。

感受一分钟：悠闲自得！这种感觉好喜欢，那么多人都在画我，真希望这种享受能更长久一些。

感受十分钟：哎呀，手上出汗了，鼻子上也出汗了。

感受二十分钟：汗越来越多，腿怎么也麻木了。多动是我的特点，现在我不能动，好致命啊！此时的我是度秒如年，腰酸背痛腿抽筋儿，我还从来没有这样"虐待"过自己呢，可为了同学们，我不下地狱谁下地狱？我这样安慰自己。

感受二十二分钟：什么时间如流水！简直就是一只蜗牛！

感受三十分钟：难受啊，麻不欲生！我对不起身体的每一个部位，心想：得找个理由来安慰自己。好吧，再过十分钟就可以考上自己理想的大学了。可不坚持也不一定考不上啊！我又只好无条件地接受了，坚持就是胜利！

四十分钟到了，脑子一片空白。这十分钟不知道怎样过来的。再坚持，啊，好不容易盼到了下课，却盼到个"再等十分钟"，我气得差点倒在地上。

就当我马上就要"瓦解"时，五十五分钟过去了，振奋人心啊！我使劲甩了三大把汗，伸伸胳膊，踢踢腿。没料到做什么事情都不易，都具有挑战性。这时，我想起《挑战主持人》里的一句话：挑战无处不在。

新老师的第一节课

前两天上英语课时，班里来了个听课的，很年轻，坐在我旁边。我俩说了几句话，也就一面之交，没想到……

今天这节英语课由他来给我们上，我这才清楚了他的底细，原来他是个实习老师，是我们英语老师的徒弟。为了验证一下"名师出高徒"这句话，我可要好好表现一下。

很巧这节课是关于篮球的，他便谈起了NBA。很不巧，他的题外话对于我们班同学来说，百分之九十九的人不感兴趣，那感兴趣的百分之一就是我了。幸亏我及时在他提出问题时救了场，否则，一次又一次的冷场一定会让他的脸比他的红毛衣还要红。

接下来，他提出的问题大多数都是我回答的，只有很少一部分人"给他面子"，或许压根儿就听不懂。这样，这位实习老师便不下十次地夸我"真勇敢"。

也许是太紧张，他不止一次地"冷场"——不讲课，只是一个人来回翻书，上课的节奏断断续续的，这让我体会到了做老师的难处。记得那天，在我旁边听课的他，说起什么都头头是道，可是，今天他却像换了一个人似的，连第一人称和第三人称都分不清了。我使劲地憋着一口气不发出笑声，算是"理解"万岁吧！

这节课，我一直扮演着"内应"的角色，说实话，他真应该感谢我。

他的第一节课让我又对"老师"这个职业有了新的认识：三尺讲台，不容易啊！

当然璐璐有过系统的训练，那么没有系统训练的孩子应该怎样引导呢？方法是一样的，即便孩子的基础有些不同，但是经过引导后仍然可以取得良好的效果。

我带的孩子来自不同家庭，有着不同的基础，可我在训练的时候大都采取的是同样的方法。

每年新招的小学生，他们刚来的时候只能写出最多两行字。说实话，在短时间内能出效果不是一件容易的事情。初步引导，既要让孩子们感到不乏味，还要在短时间拿出成绩。我首先采取的是看电视写作文的方法。我买了很多孩子们喜欢的动画片光盘，在写作文前，我们一起开开心心地看一集，或者一个片断。开始的时候，我只是给他们放动画片，然后关掉电视，让他们记住什么，就写什么，看谁记得多。这个时候不能对他们有太多的要求，否则会打击他们写作的积极性。

在孩子们敢写、能写、多写的情况下，我才进一步对他们作文质量做出相应的要求。如果在孩子还什么也写不出来的时候，就要求他写好，这不有点勉强吗？可有的家长就是这么急于求成，结果事倍功半，让孩子对写作文产生了恐惧感，同时对写作文也失去了兴趣。

我的教学与众不同，在给新同学修改作文的时候，只修改错别字，其他的内容都不做修改，更不会把孩子们辛辛苦苦写的内容删去。通过观察我发现，当作文发下来的时候，孩子们根本不去关心自己哪里写得恰不恰当，而是看老师的批语，看是不是被改过很多，删去很多。在他们心里，被修改过的和被删去的都是自己写得不好的地方，由此就会产生不自信的心理，觉得自己比不上别人。所以，家长在引导孩子学的时候一定要保护孩子的自信心。

看动画片写作文是训练孩子写作最快捷的方式。因为一集动画片会涉及很多内容，即使孩子们记一半，丢一半，写出来的内容也比平常写出来的多得多。这无形中让孩子们得到了成就感，就会激发他们写作的积极性，如果再加入相应的鼓励，效果会更好！

随着时间的推移，我在给孩子们看动画片的时候，中间常常会停下来，问他们一些问题。在问问题的过程中，就会把知识点、具体的描写方法等很自然地渗透进去，路旁的风景、主人公的动作、语言特点、外貌特点等，都是孩子们争先恐后要回答的知识点。这样，孩子在写作的过程中就会自然而然地写进去，用不着过分强调。

等孩子们看着电视能写很多的时候，我就开始引导他们进入课堂游戏了，中间偶尔会穿插看图写作文。

总之，要想让孩子们写出真情实感的文章，必须让孩子多接触社会，多参加一些活动，多经历一些事情，这样孩子们就会有话可写，有情可抒，写出的文章才会让读者有身临其境的感觉，才会产生共鸣。

妈妈手记　写作训练是一个循序渐进的过程。要想让孩子写出精彩的文章，家长首先要给孩子精彩的生活。并且家长要记住：在孩子刚刚进入写作文阶段，家长必须以鼓励的态度对待孩子每一次言不达意、语句不通的流水账，甚至三言两语。帮助孩子建立写作自信，鼓励孩子敢于写，哪怕是胡说八道。

妙趣横生的数学思维

　　其实计划里没有写这篇的打算，可在家长群里经常看到家长们在辅导孩子数学的过程中会遇到种种困难而找不到很好的解决办法，所以我觉得有必要写出来。

　　要为数学学习打好基础，除了大量阅读提升理解能力和分析能力外，平时一些特别的训练也很关键。这些训练要在日常生活中进行，在不知不觉中进行，孩子就能很自然地接受、理解了。

（一）行程问题的渗透

　　和璐璐一起走路时，我会把时间、路程、速度三个数学名词在玩耍的过程中告诉他。刚开始时他也不明白这些是什么意思。一次，我们在公园里比赛竞走，我一边走一边说："妈妈的速度比你快。"

　　璐璐听不懂了，问："妈妈，什么是速度？"

　　为了引起他强烈的求知欲，我故意刁难他说："不告诉你！"

　　璐璐抗议说："不公平！你必须得告诉我。"

　　我嬉皮笑脸问："你真的想知道？"

　　璐璐急忙跑几步到我跟前说："告诉我！"

　　我故作不情愿地说："那好吧。"

接下来，我问他："咱俩个同时走的吧？"

璐璐说："嗯。"

"可是，我比你走的路程长，就是比你走的路多，是吧？"在这个过程中，很自然把"路程"这个名词告诉他。

璐璐已经明白了"路程"这个词，就不再追问，继续"嗯"。

"那么这个'速度'就是我一分钟走10步，你一分钟走6步。现在，咱俩个用的时间一样，但是走的步数不一样，那速度就不一样了。"我解释得尽管有些乱，但他还是听懂了。

"妈妈，就是咱俩个一起走，你走得快，我走得慢，就是你的速度比我快？"璐璐觉得自己听懂了，很得意地问。

我答："臭儿子，说得比我都明白。以后我可不告诉你了！"

璐璐问："为啥呀？"

我故意噘着嘴说："怕你比我好！"

这样的问答可以激发孩子们争强好胜的心理，在以后我说些他不懂的话时会刨根问底，为的是比妈妈优秀。这就激发了孩子学习的欲望！

就是这么一个小片段，孩子就能把"路程"、"速度"这两个比较抽象的概念根据实际问题很透彻地理解了，那么以后在进行书本学习时就不会困难了。理解了这些概念，在课堂学习中便会引起他的兴趣。

璐璐在二年级时，我就拿出高年级的行程问题的题目，把数字改小，不给他讲解让他自己做。我也会经常把璐璐三年级时做出的一道行程问题拿出来考六年级学生。不仅没受过训练的孩子做不出来，即便跟我学习时间不长的孩子也做不出来，原因是他们不会结合实际问题来解决书本知识，所以理解起来比较困难。因此，我要求家长在日常生活中对孩子进行有目的的训练，让抽象的概念在生活中被理解消化掉。

（二）分数更简单

分数应该在六年级学习，可我在璐璐很小的时候就开始给他培养分数意识了。

一次，我们买回一个很大的苹果。我说："为了公平，我们必须把苹果平均分成三份。"

璐璐问："妈妈，'平均'是什么意思？"

我嘿嘿一笑说："就是分得一样多。"

璐璐明白了这个概念，就自告奋勇说："我来分。"

"一定要一样多，否则，最小的给你！"我补充说。

为了让自己不吃亏，璐璐拿出油笔在苹果上画好线，然后才小心翼翼地用小刀把苹果切成三份。

我先拿到一块说："我要三分之一，给你和你爸剩下三分之二。"

璐璐听了先是愣了一下，然后明白了意思，也拿起一块说："我也拿走三分之一，剩下的三分之一留给爸爸。"

就这样，分数的概念就在璐璐的心中扎下了根。在分数这个问题上，我后来还采用了游戏的方法教他运算。

一次，我们在一张16开纸上画了一个大大的圆形烙饼，然后分成若干份。

我说："我要这块烙饼的六分之一。"

然后，璐璐就分成六份，涂出一份给我。

"我再要六分之二。"

璐璐又涂出两份。

我问："现在我有几份了？我可不能贪心啊！"

璐璐数数说："妈妈，你有三份了。"

为了用分数表达，我故意装出没听明白的样子加强语气问："几分之几？"

璐璐想了想说："六分之三。"

我心中窃喜，继续问："还剩多少？"

璐璐说："六分之三。"

"那好吧，剩下的归你了！"我说。

然后，我们拿出剪刀，璐璐沿着线，把纸剪开，把涂色的给我，把没涂色的留给自己。在剪的时候，我们继续用分数表达。以后，我们遇到这样的问题就会用分数来口头表达，让分数跟生活联系起来。这样，在以后学习分数的过程中，还能难倒他吗？

（三）速度和准确率

孩子做题的速度、准确率相当重要，所以，我平时很注重璐璐这些方面的训练。

写字的速度与动作的协调性有关。

在我们读故事或者学习累了的时候，我们就一起唱歌。我唱，他打拍子，或者是他唱我打拍子。有时会在院子里拍皮球，左手右手交换拍，转着圈儿拍。我自己还专门做了一个架子鼓，给璐璐放出不同节奏的歌曲，让他跟着敲鼓……这些看似玩的环节，实际上很有效地开发了孩子左右脑，还对手部动作的协调性进行了充分的锻炼。

在璐璐一年级时，我用口算卡训练他做题的准确率和速度。

开始的时候，我们翻开一页口算题，我对璐璐说："妈妈不要求你写得快，但是你一定要算对，看看你能错几个。"这是我一贯的说法，我从来不说"对几个"。这是一种说话的艺术，这样反着说不会给他压力，还会让他更重视错误。这样的要求首先告诉他准确很重要！

如果他做错几道题，我就会开心得蹦起来，说："哈哈，你终于错了！妈妈好开心！"

每每听到我这样的幸灾乐祸，璐璐就很不服气地说："再来一次！"

如果他都做对了，我就会表现出郁闷的神情说："这次又白玩了！"

这时，璐璐就会很得意，说："我还要做！"

"不跟你玩了。没有你这么准确的，竟然能全部做对！"我这种特别的表扬手法会让璐璐更加得意，这样学习不会觉得厌烦，没有压力，还充满了向往。

在璐璐做题准确率不断提高的情况下，我又开始了对速度的训练。

我先在本子上写出几页很简单的口算，然后计时做题。

速度训练不要出太难的题，否则，孩子由于大量计算而减慢做题速度，这样就会打击孩子训练的积极性，因为他感受不到那种成功给他带来的喜悦。

再者，计算能力也是影响孩子速度的一个很关键的因素。像这些问题，我和璐璐在玩的时候就顺便解决了。

这样的方法是训练孩子计算速度和准确率很好的方法，尤其是对那些已经养成散慢习惯的孩子。在训练的过程中采取玩的形式，不去指责，不去抱怨，孩子就会容易接受，否则，事倍功半，孩子还会厌学。

在我的训练下，璐璐做题速度相当快，会的题很少错。这些习惯一旦养成，就是终身习惯。

（四）马虎是马虎吗？

有些孩子做题经常出错，家长、老师就会说这是马虎造成的。璐璐做题从不马虎，我也举不出事例来，那就说说我的学生吧。

六年级的一个孩子平时在我这里学习很好，可是一到学校考试成绩就很不理想。我很纳闷儿，就专门给她单独上了几次课，想探个究竟。

第一次让她单独做了一张试卷，做完后，我检查，发现大部分题都做错了。根据她平时的表现，我觉得不可能都不会。我就说："再改一次，如果不会，老师给你讲。"

这次，我看着她改。

只见她用眼睛迅速扫了一遍题，然后马上就要动笔写。见此情景，我知道了其中的原因，说："认真读三遍题再下笔！"听了我的话，她又开始认认真真读了三遍题，然后恍然大悟后，马上笑着做了出来。我拍了一下她的胳膊说："不会吗♂"她笑笑，接下来再用同样的方法改了其他的错题，除了两道题不会做外，其他的都改对了。

然后，我告诉她："你不是你爸爸说的马虎，也不是你不会，而是你没有认真读题，用你的小眼睛一扫就马上下笔，结果没读明白题就开笔了，所以就错了！"她笑了。

经过这次做题，我就明白了她在学校成绩不理想的原因了。这样的学习习惯，与她的家长有很大的关系。

这个孩子的爸爸经常辅导孩子学习，给孩子检查作业等。每当孩子有不会的题，爸爸就会很认真地给孩子一字不落地讲出来。这样，久而久之，孩子就养成了依赖的习惯，作业草草做完，不会的不去想，反正有爸爸会给她检查，所以再做作业时就不认真读题，应付做完了事。

还有一个孩子，上五年级了，做进位加法的题目还会经常出错。列式子的时候，不是不写进位数字，就是数位没有对齐，唯一值得表扬的是做题很快，可做完题后几乎都错了。

原来这个孩子从小学习不好，经常会受到老师和家长的严厉批评，因此，在做题时就会紧张，一紧张就会做错。像这样的孩子有很多，大部分原因是因为做题着急，是心理作用造成的。

我给他单独上课，计算时，我会常常看着他。开始的时候，他不是不进位，就是加错数。"你连这个也记不住♂"我问。

"老师，对不起！我下次记住！"他一脸的歉意，看上去很紧张，生怕我发脾气。

为了缓解孩子心中的那份恐惧，我温和地说："老师知道你想很快把题做出来，老师很高兴！可是，一快就会出错了。再慢些，可以吗？"听了我的话，孩子舒了一口气，很自信地点点头。接下来列式子就小心了一些，也记住了写进位。可是，毕竟习惯已经养成，在以后做题时还会出现这样的情况，但我从不去指责他，而是鼓励他慢一些。再后来，他的计算变得很少错误。这个案例很明显，孩子的一些常规性的错误是因为太过紧张，或者心理暗示造成的。家长在辅导孩子的过程中不要急于求成，看到孩子犯错就去大声呵斥，乱发脾气，随便定义孩子。这样不仅不起作用，反而让孩子感觉自己就这样了，再努力也不会好了。有了这样消极的心理，孩子学习时就会失去快乐，失去信心。

越是频繁犯错，家长越要多鼓励孩子，给孩子信心，让孩子从错十道到错九道，慢慢减少。优秀的孩子是用心血浇灌出来的，不可能轻而易举就能突飞猛进，改变习惯。

（五）辅导的技巧

有家长说老在家里辅导孩子，可孩子的成绩总是提高不了。

这话说对了，辅导孩子，成绩不一定能够提高，有时还会下降。家长辅导要讲究技巧。

我辅导璐璐时生怕多说一个字，更别说直接告诉他答案了。每当璐璐向我请教，我就会先让他自己一字一句认真读完题，然后再问他字面的意思。接下来，让他找这个题的关键词是哪个，这个词是什么意思。然后很重要的一点，就是引导他猜测出题人的目的在哪里，为什么要说这句话，这句话直接告诉了你什么，间接告诉了你什么，目的是要你算出哪一步……在我引导下，璐璐的大脑在不断思考，然后理出思路，题也就自然而然做出来了。

久而久之，璐璐的学习能力逐渐增强，二年级可以做五年级课本的行程问题。璐璐在上三年级可以做出四年级奥数书上很难的行程问题，五年级就可以做出六年级学生不会做的全区重点中学升学考试题，初中的时候在几乎没努力学习的情况下可以考进重点高中，在高一期末考试数学考24分的情况下，通过努力进步到135分，这全部是靠自学。

　　璐璐的成长历程可以告诉我们正确的辅导可以教给孩子正确的学习方法，使他们学会动脑筋思考问题，提高解决问题的能力，而不仅仅是得到一个正确的答案。

　　可有的家长完全不得法，孩子来请教的时候，家长会一字一句给孩子解读，长期下来，便会养成孩子的惰性，不提高，反而退步，思维退步，思想退步。辅导起了副作用。

　　我认识一个孩子，中小学非常优秀。这个孩子小学各科经常跟着辅导班，初中也一样，有的科目甚至参加过两个辅导班。可是上高中后，离开辅导进入需要自学的环境，孩子就力不从心了，成绩越来越不理想，直到高考时，成绩也不理想。

　　总之，正确的辅导方法可以开发孩子的学习能力，给孩子的是"渔"，而不是"鱼"！"磨刀不误砍柴工"这句话的道理大家都知道，只要孩子有了学习能力，智力得到开发，在以后的学习中就会很快乐，也很轻松。

　　我把对璐璐的辅导经验用到学生那里，同样收到了良好的效果。

　　在课堂上，我很少讲例题，上课前把要讲内容的概念联系生活讲解明白后便直接做题。

　　为了怕孩子们学会机械的模仿，我出的题很少有前后相同的。有的孩子刚来时，做完第一道题，在我出第二道题后，看也不看就用第一题的方法去做，结果错了。我告诉他们："来老师这里学习，要学会自己动脑筋。"

　　有的孩子刚开始不习惯自己独立思考，就干脆说："老师，我不会，你给我们讲吧。"

　　遇见这样的学生，我就会视他的情况而定，如果他自己能通过思考做出来，我就说："给你两个小时的时间考虑，要是确定做不出来，老师再告诉你。"如果觉得他做不出来，就去引导他，而绝不是直接告诉答案。

　　经过这样的长期训练，孩子们的学习能力能提高很多。

还有一个班的学生，我从三年级开始带他们，在五年级暑假给他们讲了初中几何，他们照样可以接受，最终，这一班学生大部分进了重点高中，成绩喜人。初中时的一次聚会，孩子们对我说："老师，在初中里我们最轻松的是数学，除了做作业，就不用做其他习题了。"可是他们的成绩照样优秀，上了高中也一样。

小学数学的学习，不必看孩子学校成绩考得多优秀，能上90分就可以了。学习的关键是锻炼孩子的思维能力，这样对以后学习很有帮助！学习是为了能力的提高，而不是为了能考个100分。

（六）画图解题

多年实践证明，画图解题是帮助孩子理解题意最好的方法之一。

一次，五年级学生做数学题。那天我出的题比较难，给了孩子们好长时间，可能独立做出来的孩子只有两个。当时，我没有去直接给孩子们讲解，也没有去一步步引导他们，而是在黑板上跟着题意画出一个图。我刚画完，孩子们就大喊："老师，别讲！"然后，孩子们拿起笔看着图写了起来。一会儿，一个个给我拿来答案，我一看真的做对了。

在辅导孩子做题时，如果身边没有具体的事物作参照，画图是解决问题最快捷的方法。画图可以让孩子们形象地去理解题意，进而解决学习中遇到的问题。

低年级时，我们可以画简单的实物图，年级高一些的可以画线段图，具体画什么还得根据题意来定，不要太死板，只要孩子能看懂即可。

画图的目的不是帮助孩子解决一个问题，而是教给孩子解决问题的一个方法。从孩子一上学家长就要有意识地通过画图给孩子作示范，然后鼓励孩子自己画图去理解题意。这样有助于孩子养成画图习惯，解决起问题来就不难了。

璐璐在学龄前，我喜欢用事物给他渗透一些数学概念，等他进入小学后，我就开始引导他画图做题。等他画图做题很熟练的时候，我便鼓励他不在本子上画图，而是在脑海中画图解题。这个方法既锻炼了孩子的空间想象力，又可以提高孩子做题速度，也为以后的几何学习打下良好的基础，是个一举多得的方法。

　　这样的过渡不只在璐璐身上能体现出来，我的学生也是这样发展的。开始的时候，题题画图，后来，随着年龄的增长，孩子们的理解能力相应提升，不是太复杂的题，孩子们就不必再画图，而是看到题，图就很自然出现在脑海中，然后马上就可以把题做出来，这真是胸有图画，其义自现。

　　教育其实不难，家长要做有心人，要不断去创造自己的教学方法，因孩子而异。这样就可以让教育教学变得更有趣，孩子接受起来也很愉快，不觉得枯燥，学习效果也就会显著。

妈妈手记　数学思维的训练不是多做题，而是恰到好处地引导、启发。在这个过程中，家长要尽量见机行事，切记不可滔滔不绝地把题讲得一清二楚！训练初期在选择训练题目的时候，要注意循序渐进地增加题的难度，否则，屡屡失败会打击孩子的学习积极性。任何学习对孩子来说最佳的方法是在玩中进行。

关于课外培训和课余时间

（一）课外培训

课外培训对孩子们来说已经是家常便饭了。有的孩子几乎从学前开始，一直到上大学前，课余时间和假期都被各种补习班占满。

很多家长把孩子放进培训班便以为万事大吉了，不去亲自听听课，看看老师的教学理念和教学方法，也不去了解孩子究竟学到了什么。结果，几年下来，孩子什么也没学到。浪费了金钱是小事，浪费了时间那可是金钱无法买回来的。

课外培训，锻炼的是孩子的能力：学习能力，思维能力，自学能力。

可是，有的家长急功近利，为了孩子考试能多考几分，愣是让孩子提前把课本学习一次。这种方法只能让孩子失去学习的能力，而且还会养成不良的习惯。课外学习时间短，学习不够系统，孩子们往往学得不够扎实，可当他们回到学校的时候，在听课时就会产生一种小小的骄傲感，以为自己已经学会了，不去认真听老师讲课。还有的学生，课上没听明白，或者因为开小差而没去听老师讲课，他会心里想：反正课外老师会讲的。这样，学习了两遍课本，也没把课本上的东西学会。当然这不是全部，有的学生上课也听讲了，甚至不听也会了，可是，他们自主学习的能力却没有得到锻炼。

但凡家长略微关注孩子，就会知道课本的那些内容老师在课堂上会反复讲上N次，书里的习题老师会让孩子们反复做上无数次。大部分学生已经把课本里的习题都记住了。我常常会听到学生说："真倒霉！我一看试卷上的题跟课本里的一样，马上写出答案，结果还错了，原来问得不一样。"

　　课外补习课本，只适合学习成绩特差的学生。只要孩子考试成绩能上70分就没必要在课外学习课本内容。即使学习，也不能时间太长，成绩一进步，见好就收。否则，过分依赖课外学习，就会削弱孩子的自主学习能力，智力得不到有效开发，孩子的进步也只能是暂时的。如果不能科学地看待问题，家长的虚荣心和对教育的误解就会把孩子培养到非得拄着拐杖行走的地步！

　　数学培训目的是开发思维，而不仅仅是多会做几道题。在孩子遇到比较有难度的题目时，他们会自己思考，寻找各种不同的做题方法。即便最后没做出来，但是思考的过程是存在的。这个过程很重要，不仅锻炼了孩子们的思维能力，而且也锻炼了自主学习能力，解决问题的能力等。没有思考过程，学还不如不学。

　　一个孩子刚来我这里学习时的一个情景留给我的印象非常深刻。我们在学习解方程题，开始的题很简单，可这个孩子还是不会。等我让他做书里一道比较复杂的题时，他愣是一步不差地做出来了。我很是奇怪，问："刚才的题那么简单你不会。这道题比那道题难多了，为什么你会？""老师，这道题我做了好几遍了。"看上去他很高兴，我摇摇头什么也没说，心想：这是学习吗？连数学题都死记硬背。像这样的孩子大有人在，他们只会做老师教过的题目，如果换个问法、换些文字就不知所措了。这一切都说明孩子的学习能力很有限，不会灵活应用。

　　数学培训学的是能力，智力得不到开发，学习多少内容也等于零。语文也是一样。

　　一个经常接受作文培训的孩子如果不喜欢阅读，那么这个培训就是不成功的。巧妇难为无米之炊！一个孩子不去读书，不去积累知识，广泛阅读，就是找再好的培训老师也写不出好作文。作文能力应该体现在现场作文，看见事情写出感想，而不是背会几篇范文后的仿写。所以一位好的语文老师首先要激发孩子们的阅读兴趣，阅读习惯养成了，写出好作文那是轻而易举的事情。

这里特别强调一下奥数学习。奥数的内容比课本要难得多，它不适合理解能力差的孩子去学习。如果家长一味去跟风，遇见一位会引导的老师还可以在孩子原来的基础上有所提高，如果遇到一位老师只针对全体同学的教学，那孩子的学习兴趣、学习积极性会被打消得一干二净。所以选择奥数学习，家长一定要慎重，年级越小越要谨慎。

课外培训只是起到一个辅助作用，孩子是不是能够进步，还需要家长和孩子的配合。如果家长以为把孩子放进辅导班就万事大吉了，那就错了！试想，一个孩子天天在学校学习都不能进步，每星期来一次辅导班就能提高吗？

既然选择培训，就一定要让孩子们真正有所提高，尤其是能力的提高！

（二）课余时间

假期里、双休日、放学后，这虽然是孩子们休息的时间，可是，孩子们背着书包忙碌的身影却随处可见。有的孩子上完这个班，火速去追下一个班，甚至一次能带三个书包。

如果孩子有必要补课，那么家长的选择一定要有目的性。看想要孩子在哪个方面得到提高，而不是去跟风。人家学习奥数，自己也给孩子报名了；人家学习英语口语，自己的孩子也跟着去学习……孩子累得够呛，结果还收获甚微。

有的家长说，孩子不补课也是在家里玩闹，还不如去补课班里耗着，好歹有进步。错了，如果孩子不愿意去补课，去了还不如不去。其实，孩子们的课余时间如果利用好了，会让孩子受益匪浅。

璐璐的课余时间我从不让他一套套地做试卷，如果要他做，我就会根据他的情况提前筛选一些题让他做，做完就结束。璐璐基础好，回家很少学习课本知识，大多是做一些有难度的数学题。我给他选题时不超过三道，否则，孩子会厌烦。其实每天能真正理解三道就有很大的收获了。其他时间就是看书，做些手工之类的事情。在时间允许的情况下，我尽量带他去玩，去踢足球，打篮球等，唯一遗憾的是没带璐璐去做一些我认为很有意义的社会实践。于是，我把这个遗憾弥补在我的学生那里。

我带着学生卖过报纸，卖过柿子，母亲节擦过皮鞋，雷锋日去过养老院打扫卫生，公园捡垃圾，采访过路人……这一次次的经历，锻炼了孩子们很多方面的能力。孩子们勇敢了，有礼貌了，会说话了，有爱心了，当然也会想办法了……家长千万不要错过这样锻炼的好机会。

还记得一次，我们附近有宝宝过满月请来唱歌的乐队祝福，于是我带着我的孩子们去了。我让他们自己跟唱歌的老板去沟通给个机会让她们去台上唱歌。

刚开始的时候，孩子们退退缩缩连话也不敢说，最后，在我的鼓励下，有的上台讲话，有的勇敢地唱了歌。有了这次经历后，孩子们变得开朗起来。

这样锻炼出来的能力是伴随一生的！家长千万别以为这是浪费时间，丢人的事情，要创造一切条件锻炼孩子。这样做的益处会随着年龄的增长逐渐体现出来。

课余时间对孩子们来说非常重要，这些时间利用好了，就会给孩子带来很大的收获！小学生应以提高综合能力为主，不能只在乎成绩。

妈妈手记 课外培训对孩子们来说是一件很残酷的事情，它剥夺了孩子们的休息时间，也可以说它让孩子们"失去了童年"。付出这么大的代价如果不能使孩子得到一些实质性的进步和提高，真的不如选择让孩子们走进大自然去领略一下自然风光，把童年的美好变成人生最幸福的回忆！说实话，如果家长肯用心，教育孩子没必要委托学校老师以外的其他老师！

品格的培养
不可忽视

挫折教育让孩子更坚强

现在的孩子大都是家里的独生子，有的孩子在家里衣来伸手饭来张口，说一不二，唯我独尊。还有的孩子在学校里成绩优秀，受到老师和家长的无比宠爱，生怕受到一点儿委屈。殊不知这样成长起来的孩子内心很脆弱，经不起任何打击，一旦遇到困难，可能就会自暴自弃。所以，现在的孩子们有必要从小经历一些挫折教育，让他们的内心提前强大起来。

自从璐璐上学前班开始，我没有去接送过他，包括下雨天（当然狂风暴雨除外）在内。一天，璐璐冒着雨回来，他问我："妈妈，别人的妈妈都去接孩子，为什么你不去接我？"我没有回答璐璐的问题，而是反问他说："如果你同学出门在外，妈妈也会给他们送雨伞吗？"璐璐似乎明白了我的用意，就不再追问了。

璐璐一到三年级时成绩总是年级前一二名，到四五年级时，我见璐璐的作业大多数是重复性的练习，似乎没有必要，就主动去跟老师提议不让璐璐做那么多的家庭作业，只要会就可以。就这样，璐璐别说做课外练习册了，家庭作业也是随心所欲地做，练习少了，结果所考出的成绩也不如以前那么优秀了。在这个时间段，璐璐很少考到过年级前五名，多数在十名左右徘徊。到六年级时，我对璐璐说："儿子，该升初中了，努努力吧！"璐璐听了我的话，也知道考初中的重要性，自然努力了一些。经过不懈的努力，璐璐的成绩又回到年级一二名，最后考上区重点中学。

璐璐在高年级时，一次回来很委屈地对我说："妈妈，老师说了，上课做题，就是我不能第一个交上去，其他的同学都可以第一个交上去。"

"老师有老师的道理。你做题是为了自己会，不是给老师看的。如果你非得想让老师知道你第一个先做出来，那你就自己想办法了。"璐璐遇到问题，我向来都是只给他提些建议，而不是去帮助他解决。

又一次放学回来，璐璐兴冲冲地告诉我说："妈妈，你知道我在课上是怎样做的吗♀"

我看着他，什么也没说。

"老师一出题，我就马上做完坐在那里等着。只要有人第一个去交，我就马上把我的交上去。"璐璐显得很高兴，显然他自己学会了调整自己的心理和处理事情的办法。

生活中像这样的事情还有很多，不娇惯孩子、支持孩子自己的事情自己想办法解决，这是我对孩子无形的特意锻炼，意在让孩子真正长大!

家长不要过多要求孩子完美，也不要事事代替孩子完成。如果孩子一直被优越感包围，一旦遇到失败就会很难再站起来；如果孩子的事情由家长代替完成，一旦孩子遇到困难，离开家长，就会不知所措。

每当我所带的孩子踏入六年级时，我就会对他们展开找茬攻击。每年我的班里都会有各方面很优秀的孩子，他们在老师家长眼里都是宝贝儿，即使犯错误也不指出，更别说批评了。可在我这里却不然，我会想尽一切办法批评他们，好让他们为进入初中生活做些心理上的准备。

我的一个学生，小学时不仅学习成绩优秀，而且非常听话，经常是老师表扬的对象。我很想找茬让她受些委屈，可是，直到毕业还是没有抓住机会。

就是这个优秀的孩子，上了初中后，我发现在几次大考小考后，孩子变得闷闷不乐，究其原因是因为成绩不理想。因为习惯了优秀，孩子一下子接受不了这个现实，所以心情不愉快。因为不愉快，所以学习的效率很低……这样恶性循环下来，孩子的成绩越来越不理想。

一次课间休息，同学们都在诉说班里发生的各种事情，只有她闷闷不乐地坐在那里一言不发。我见此情景，拍拍她的肩膀说："你也发表一些言论吧。"

她抬眼看看我，眼圈红了。

"我们老师太不公平了。昨天，我本来做完作业了，可老师冤枉我没做完，对着全班同学说了我一顿，很没面子！"她气狠狠地说。能看出她有多么委屈！

这个孩子的变化家长只是看在眼里，却束手无策，很为孩子担忧。我发现后带了她一段时间，孩子只是暂时走出了不愉快，可是由于学习成绩不理想，再加上心情的低落，最后还是没能考上重点高中。

像这样的情况还有很多，成绩不理想自暴自弃，不满意同学心情沮丧，老师的脸色不好看怨恨老师……这些都是导致孩子成绩下降的原因。而最根本的原因是从小习惯了优秀，习惯了赞扬，习惯了别人的笑脸，而经不住一点挫折！

进入新的学习环境，面对新的事物，每个孩子的适应能力完全不同，归根是取决于孩子从小受到的教育、锻炼和熏陶。

妈妈手记 一个孩子的成长过程中会遇到很多问题，不同年龄段会有不同的困难和挫折。如果孩子从小就在温室中长大，没经历过任何风雨，那么，一旦面对困难，遭遇挫折，孩子就会难以接受！家长只能把孩子养大，而不能陪着孩子走过一生。从小无条件地满足孩子，对孩子听之任之，生怕受半点儿委屈的教育方法迟早会给孩子带来困惑。为了孩子，有时有必要委屈一下孩子，这才是大爱！

帮助孩子建立自信

自信是一个人走向成功的基础。一个人自信不够也就预示着前进的动力不足。生活中，家长不正确的教育方法完全可以把一个孩子的自信彻底摧毁。那么怎么才能够成功地帮助孩子建立自信呢？家长们不要忽视那些不经意间的一句话，甚至一个眼神的作用。

故事一：要求过高

璐璐从小非常优秀，上一年级后，经常考试得100分。这好像成了他的标志，如果不考100分就不是他了。

一次测验，他考了99分，回到家很不高兴，对我发誓说："妈妈，下次我肯定要考100分！"结果，接下来的一次考试又是99分。他照样立志说："妈妈，你看着，下次我不信考不了100分！"第三次测验结束了，他考了第三个99分后，回家什么也没说，闷闷不乐地早早睡觉了。没过几天，璐璐考回第四个99分后，他一进家就拿起笤帚递给我说："妈妈，你打我吧！"说完，主动趴在地上。我急忙把他抱起来说："不必每次都考100分。"

一次次的99分，让孩子失去了自信，觉得自己不可能再次回到100分，只好主动求打。

不要对孩子要求过高。每次考试前家长就会给孩子制定目标，首先我不赞成这样做，因为目标会给孩子带来压力。如果一定要定个目标，一定要定得比孩子实际能力所能达到的分数要低一些。这样孩子就可以达到目标，增加自信。如果定得太高，当孩子达不到家长的要求时，就会觉得任凭自己怎么努力也达不到目标，从而失去自信，失去对学习的兴趣。

故事二：跟别人家的孩子比

我有两个得意门生，我把她们从小学三年级一直带到初二，她们也同时在另一个补习班学习英语。

这两个孩子从小都很优秀，但是睿睿的数学比不上彬彬，而彬彬学英语的能力略比不上睿睿。

我辅导她们数学，争先恐后地做题是她们的特点。每次数学课上，彬彬都比睿睿速度快，而且准确率也高。就这样过了一段时间后，睿睿逐渐地失去了自信，本来会做的题也不去认真思考了。看到这种情况，在以后数学课的时候，我都会鼓励睿睿说："做题要求的是思考过程，结果无所谓。"我对睿睿不作太高要求，不一定非得和彬彬有一样的做题速度和质量，只要认真思考，一样可以达到学习目标。

睿睿在我的鼓励下，端正了学习态度，增加了自信，慢慢地，做题速度和准确率逐渐提高了。

现在她们都在重点高中上学。前几天，我在市场遇到了睿睿妈妈，睿睿妈妈告诉我，睿睿在这次数学月考的时候，150分的试卷，考了148分。

彬彬和睿睿在其他老师那里补习英语。睿睿每次背课文都很流利，彬彬也不甘示弱，即便没有睿睿背得好，但每次都能积极认真地背诵记忆。彬彬妈妈跟着她们一起上课，每当看到睿睿的出色表现，就会在课堂上或者在家里埋怨彬彬说："你看人家睿睿背得多好！你看你，不能跟人家一样吗？"彬彬妈妈是个急性子，对孩子非常重视，生怕孩子有一点儿不如别人。在英语方面，彬彬妈妈总觉得彬彬不如睿睿，为了能激发彬彬的学习积极性，经常拿睿睿做典范。可她没想到的是这样恰恰起了反作用，渐渐地，彬彬对英语产生了强烈的厌学情绪。后来，彬彬妈妈专门给她请了家教老师学习，可英语成绩就是没有进步。其主要原因是彬彬妈妈督促得不恰当使彬彬对英语失去了信心，也就是自信，同时也失去了兴趣。直到现在，彬彬因为英语成绩的落后，年级排名差睿睿几十个名次。

不要总觉得别人家的孩子比自己的孩子优秀。孩子各有各的优点，各有各的不足。只要孩子努力了，就去认可他们。否则，孩子会在你的比较下自信全无！

故事三：包办代替

玲玲妈妈在地震时失去了妈妈，从小缺少母爱，受了许多委屈。自从玲玲出生后，玲玲妈妈想：我一定要让玲玲得到最多的母爱。于是，她对玲玲的照顾是无微不至。

玲玲上学后，她每天帮助玲玲检查作业、收拾书包，学校里遇到什么事情她去帮孩子解决……时间一天天过去，玲玲事事都依靠妈妈，觉得什么事情也不会做，也做不好！

初三的一次聚餐，我们自己包饺子吃。男女生一起动手，就玲玲站在一边摇摇头说："我不会捏饺子。""你学啊！我们也没捏过。"同学们鼓励她。可她一再拒绝说："我捏不好，你们捏吧。"最后，她只好看着我们开心地捏着饺子。

因为妈妈的凡事包办，玲玲的自信在这个过程中被抛弃了，所以遇事退缩，不敢主动表现自己，不去自主学习，生活能力也很差，因此上高中也选择了一所中学就近入学。她妈妈怕自己不在身边，玲玲照顾不了自己。

今天，玲玲妈妈来找我谈话，她认识到了自己的错误，虽然这个省悟不算太晚，但也耽误了孩子很多锻炼的机会。

孩子在长大，要离开家；孩子在变化，要自己思考；孩子在告诉你：你不能替她长大！

故事四：让孩子出丑

我的课除了让家长试听，其他的时间都不让家长进教室，当然特殊者除外。

最近来了一位奶奶送孩子上学，因为家离我这里太远，每次都是陪着孩子一起学习。

课堂上，这位奶奶发现孩子哪里做得不好时就会马上过去纠正。一次，我们比赛做题，这个孩子在两次都没做对的情况下，他奶奶气冲冲地走过去，拿起本子甩在一边，大声吼道："你为啥做不出来？别人能做出来，你为什么就两次做不出来呢？笨死你了！"在老师和同学们注视下挨骂，孩子感到很没面子，可又不敢反抗，泪眼汪汪地看着奶奶一言不发。

自从奶奶当着大家的面对他发脾气后，他以后再做出题时也没有勇气让我修改，生怕做不对时让奶奶生气，让别人笑。

又有一次，我正在讲题，突然，这个奶奶站起来来到孙子跟前狠狠地打了他一拳，大声批评说："你在干啥？别人都在认真听课，你低着头在干什么？"这下这个孩子受不了了，歪着脖子说："我在听课！"很明显孩子很生气。

奶奶听了更不满意了，提起孩子，怒气冲冲说："不想学习就走！"说完，就拽着孩子出去了。孩子哭着离开了。

这件事后，孩子看上去再没有了以前的活泼，上课很少发言，做题也不像以前那样积极了。自信和尊严在奶奶的三番五次的伤害中渐渐消失了。

最后，我只好把这位奶奶委婉地请出了教室。

孩子虽小，但也有尊严。经常性地去伤害他，他会变得自卑！家长要学会呵护孩子的尊严，给他自信和力量！

故事五：绝对服从

"小雨，上课了，你怎么还在说话？"这一天，我刚迈进教室，就看见小雨站在那里说着什么，我的语气相当生硬。这个小雨经常上课说话，有时还强词夺理不承认错误。我一直想把他这个毛病改掉，今天正是个机会。

"老师，别人也说了，你为什么不说他们，只说我？"他的语气也不正常，看上去很不服气。

　　我这个老师一般很通情达理，如果我做错了，伤害了我的学生，我就在课堂上公开道歉。我不怕失去老师的架子，因为一个孩子是不能随便伤害的！可是，有时为了纠正一些孩子的不良习惯，我会很霸道，我的话你必须无条件服从！

　　看着小雨那气鼓鼓的样子，我便大声说："我不说别人，就说你！"

　　"你不讲理！"他跟我干上了。

　　"就不讲理！就不让你说话！"我语气很坚定。

　　他看我势头不对，就不再跟我辩解，坐在那里流泪了。

　　我之所以跟他这样，是因为他在学校里也不让老师说，不管他对不对，只要老师说他，他就跟老师顶嘴。

　　还有一次，我们上课前讲了个笑话，等到开始上课时，孩子们还在笑，小雨也不例外。可我就是故意针对他说："小雨，别笑了！不知道上课了？"

　　"他们也在笑，你就说我！"说着，他快哭了。

　　"我就不让你笑！"我皱着眉头，理直气壮地说。

　　"你不讲理！"他哭了。

　　"就这么不讲理！"我看上去毫不留情，也不给他讲道理，就让他必须服从。

　　他没再说什么，坐在那里一把鼻涕一把泪地哭着。我视而不见。

　　以后，像这样的事情又发生过几次，直到他不跟我顶嘴。因为根据他的判断发现跟我顶嘴不起作用，他也就没了这个自信，只好默默服从。

　　等他转变过来，我才跟他进行了一次一本正经的谈话。那天，我专门把他留下来，对他说："老师今天跟你道歉，觉得有几次对不起你！请你原谅老师！可是，老师想告诉你，老师有时会因为误会而批评你，但是作为学生要给老师留些面子，对着那么多人跟老师顶嘴，是不是让老师下不了台啊？如果你觉得委屈，可以跟老师私下里解释，老师不会怪你的！希望以后不要跟老师顶嘴，不管在哪里。"他听了我的话，显得很开心，泪眼汪汪地点着头说："嗯！"以后通过向别的同学了解，他在学校里很少跟老师顶嘴了。

绝对服从，可以让孩子失去希望，也就失去了自信！在家里，家长要给孩子说话的权利和做事的空间。

故事六：相信孩子

"妈妈相信你能做好！"这句话是我经常对璐璐说的。

很多时候，我去买菜，给璐璐留下做家务的任务，走前我一本正经地对他说："妈妈相信你能做好！"等我回来，他把家里收拾得有条有理，比我收拾得都好。

也是在学前，一次他的裤衩破了个口子。他说："妈妈，给缝缝裤子。"当时，我不知道在忙什么，就说："妈妈没时间，晚上再给你缝。"璐璐见我没时间给他缝，就征求我的意见说："妈妈，我自己缝吧！"

我听了他的话有些好笑，心想：什么都敢做。看看你咋缝？

"好啊，妈妈相信你能缝好！"我笑着说。

璐璐听了我的话，马上把裤衩脱下来，找了针线，光着屁股坐在沙发上像模像样地缝了起来。我见状，急忙照了相。璐璐真的缝住了那个口子，我表扬了他，他听了感到非常自豪。

璐璐上五年级时，受刘翔影响想参加区运会的100米跨栏。一天，他问："妈妈，我可以参加100米跨栏比赛吗？"

"为什么不可以？"我反问。

"以前也没练过。"他有些不自信。

"妈妈相信你通过努力，一定能做到更好！参加去！"我鼓励了璐璐。

璐璐报了100米跨栏，结果拿回全区第二名。

为了让璐璐做事谨慎、充满自信，我经常对璐璐说："璐璐，只要你说出的话，妈妈就相信；你做每一件事情妈妈都很放心！"

在我的鼓励下，璐璐自信十足。初三的时候，他自己拿着钱独自买了自行车；高一的时候，自己独自去上海一星期。明年高考后，我要留给他一个作业，去做市场调研，给我做策划开始一个新项目的挑战。我已经决定，只要他给我决定了发展方向，我就去做。

相信孩子，孩子便有了动力，有了成功的信心！自信是力量的源泉。

故事七：教学大观园

我的课堂丰富多彩，一个六年级学生还评价说："老师的课可以让我们在快乐中增长知识，没有压力，还可以知道很多道理，锻炼我们各方面的能力……"说实话，这些还真不假。

为了让孩子们变得自信，我经常跟他们比赛做题。我故意做得很慢，输给他们，然后给他们发奖。

有一次，我锻炼孩子们的胆量，让他们唱歌，而且还不能小组合作。有一个小女生说："老师，我唱歌走调儿。""哈哈，我正是喜欢走调儿的歌，那样才真实！"我不以为然地说完后，故意给他们唱一首跑调儿的歌。他们听了笑得合不拢嘴的同时也有了自己唱歌的那份自信。

阅读课上，我们一起谈论问题。我故意把我的观点说得不合情理，然后让孩子们提出不同的观点来挑战我。不管他们说的怎样，只要敢跟我叫板，就会得到表扬。为的是给他们挑战权威、挑战世俗的自信。

年龄比较小的学生来上课的时候，往往家长会给带孩子一瓶饮料。

"老师，给我拧拧。我拧不开。"学生来找我了。

"拧不开别喝。这么大了，连水瓶也拧不开够意思吗？"我半开玩笑说。

"老师，我给他拧。"有人想要帮助。

"不用，我相信他能拧开！再拧！"我的话铿锵有力。

孩子见我那样相信他，就再次拿起瓶子使劲拧……再拧……"扑哧"开了！孩子欣慰地笑了。

生活中点点滴滴都可以让你的孩子充满自信！何乐而不为呢？

故事八：眼神的魅力

一次阅读课上，我让孩子们自己在文章中随便找一个段落，然后给同学们分析讲解。

大部分孩子喜欢这样的教学方式，因为他们喜欢表现自己的个性，以此来获得大家的认可。

经过一段时间的准备后，自由讲解开始了。

平时活泼的孩子肯定是自告奋勇，不甘落后。他们一次次地举起手想再讲一段。可是，性格比较内向的巍巍就不然了，可以看出来她也认真准备了，可就是不敢举起手主动讲解。此时，我也不敢冒昧地叫起她，生怕她因为准备不充分，讲不出来而受到打击。所以，我不敢轻举妄动，只能慢慢地启发她、鼓励她。

我站在黑板前，一边鼓励说："还谁来讲？勇敢地举起手！"一边用信任的眼神看着她点点头，一次，两次，三次……在我眼神的鼓励下，巍巍终于自信地举起了手，勇敢地讲出了那段精彩的故事，并配上自己独到的分析与见解，赢得了全体同学的掌声！

眼神有时更有一种特殊的魅力！但是要用得恰到好处。

妈妈手记　不用过多的理论，这些案例足以告诉我们家长，自信对一个人来说是多么的重要！有了自信，就有了拼搏的勇气和力量；有了自信，就有了战胜困难的武器；有了自信，就有了成功的基础。否则，就会自卑，退缩，唯唯诺诺，依赖别人，最后一事无成！

玩着训练有主见的孩子

一个有主见的人一定会有自己对问题特有的看法和思考，不人云亦云，经常会表现得与众不同。

可家长、老师都喜欢听话的孩子。为了能做好孩子，有些孩子只要是大人说的话就奉为绝对正确，尤其是老师的话，简直就是"皇帝的圣旨"！可是，这样盲目不加思考的听话对孩子的成长有什么益处呢？人要有自己对问题的看法和观点，有自己的判断，这样才能有创新的思维，才能有创新的行为，才能取得更大的成绩！

为了让我的学生学会动脑筋、敢于向权威挑战，我常常采取各种手段锻炼学生。留给我印象最深的是一次做题经历。

那是一次作文课，为了给学生提供写作素材，我在课堂上给四年级学生出了一道一年级的题：王大爷栽了20棵树，李大爷比王大爷多栽15棵，问李大爷栽了几棵树？

这么简单的一年级题，四年级学生一看就马上全部写出答案，当然全对。可是，我故作神秘地说："错！四年级了，连这么简单的题都不会做。改！"学生们听了我的话，有的马上拿起笔来加法改成减法，有的坐在那里苦思冥想，有的一脸镇定。

到最后，等我数完倒计时时，有大部分学生都改错了。当时我心里很复杂，高兴的是我的忽悠大法成功了，郁闷的是孩子们为什么连这么简单的问题都不能确定自己做得对呢？轻易就相信了我的话！

等我公布答案，教室里沸腾了，抗议声此起彼伏，说我骗了他们，场面很难在短时间内控制下来。等他们集体抗议结束，我说："我说不对你就改？有自己的主见吗？动脑筋了吗？我今天说男生都是女生，那男生就统一上女厕所吗？"我一连串的问题让孩子们哑口无言了，个个坐在那里尴尬地看着我似笑非笑。我还告诉他们："老师的话不全是正确的，你们要敢于怀疑，这样才能发现问题，不断思考。"听了我的话，同学们当时并没什么反应。

可是，自从这次有趣的游戏后，同学们在做题时学会了反复认真地思考。我偶尔的口误都会被他们纠正。有时因为我着急或者疏忽给他们判错了题，他们坚持自己的想法，给我讲解。就是没判错，他们也会把自己的想法说出来，以征得我的认同。

看着孩子们的变化，我高兴极了！我觉得这样下去，孩子们会养成敢于坚持己见的思维习惯。有了这种习惯，孩子们就能学会自我思考，独立分析问题，有是非判断能力。只有这样，孩子们才能不断提高自己的认知能力，才会不断进步！

这是我考验孩子们最简单的方法，却也最能体现一个问题：我们的教育方法让我们的孩子失去了应有的思考和必要的主见。

学校里的老师为了好管理学生，不断地规范孩子们的言行。但凡有孩子触犯老师的规定就会受到不同形式的惩罚，甚至找家长。被找家长回到家要么不听孩子的理由痛打孩子，要么威逼利诱对孩子施加压力：不听老师的话妈妈不带你吃肯德基啦，听老师的话妈妈给你买变形金刚……孩子们在这样的教养环境下变成了一个乖乖娃，言听计从，不管权威的话是否正确。这样长时间形成的思维定式，造就了孩子们像墙头草，哪边风大哪边倒。

再者，老师们一再强调的统一答案更是限制了孩子们自由思考的空间。一道题可以有不同的做题方法，可有时如果不符合标准答案，或另有其他的主见，老师可能会给予否定。作为家长，我们要有自己的主见。在引导孩子学习的时候要敢于向老师的答案挑战，即使少得一分，也要让孩子养成这种灵活思考问题，灵活做事的意识。这些从小培养起来的习惯会让孩子受益终身。

再看看课堂上讨论问题，只要老师表扬一个孩子的观点正确，其他孩子在表达自己的看法时就连用的词都会原版照读，很少有人敢与众不同拿出自己的观点，生怕不如刚才老师表扬过的同学的答案。这样的孩子占大多数，这样的成长倾向不能不引起我们家长的重视。

在一再提倡创新性思维的今天，孩子们这样长大，会有自己的创新意识吗？

要想拥有一个有主见会创新的孩子，做家长的要给孩子这个成长空间。要接纳孩子，接纳他的想法，接纳他的言行，包括顶嘴。因为孩子顶嘴的过程就是在表达自己想法的一个过程。每当这时，家长不要立即制止，让孩子说完自己的想法，然后再跟他一起分析问题的对错。家长千万不要在孩子不如自己的心愿时，就对孩子采取行动，非打即骂。否则，孩子会失去自信，失去自我表达的欲望。当孩子自己思考了问题，解决了问题，即便是错误的，我们也要表扬他这个行为的过程，然后再给他提些建议，让他自己去独立思考得出结论。

对于璐璐主见性思维的训练，我在这方面可以说做得比较早，也比较好。

一直以来，我跟璐璐讨论问题的时候，就从正反两个方面去引导他说出自己的观点，即使他说的不对，我也从不批评。我会告诉他那是他自己的看法，只是跟别人不同。家里的事情也经常邀请他参与决定，让他提出自己的看法。为了强化他不做墙头草，我会经常鼓励他从不同角度考虑问题。久而久之，这样的思维习惯让璐璐在做事时常常会求新、求异，有自己独到的想法。

比如说写《我的妈妈》，大部分学生写妈妈多么辛苦，多么爱他，而璐璐写我多么懒散，对他多么苛刻等缺点。这样的作文让读者眼前一亮，一下子就产生了阅读兴趣，因为它与众不同。这是璐璐每次作文被当作范文的一个很重要的原因。

有时做数学题，我会故意把答案说错，让他自己判断。如果觉得没道理，他会跟我争得面红耳赤。因为有自己的想法，他还让高中老师误会过一次。

高二的时候，璐璐做一道数学题，他按自己的思路做出来了，可是跟答案不一样，他觉得自己的思路也对啊。于是，他就去请教老师。在他的思路引导下，老师也说对。可当他说答案不是这样时，老师生气了，说璐璐故意考验她，停下课来批评了璐璐。为此，我还跟老师道了歉。

平时做事情，我们要尽量创新，有自己的见解，家长要起带头作用。

璐璐18岁生日的时候，我给璐璐的生日礼物是1800元的存折和一支笔。我告诉他："你今天成人了！妈妈没有更大的能力给你什么，这1800元存折是你的创业基金，数量有限，可妈妈希望你有自己的事业！能起更大作用的是这支笔，希望你用它描绘你的人生蓝图！"有这样思想的妈妈，我的儿子就可想而知了。所以，在上海世博会的时候，我跟璐璐一拍即合，决定让他独赴上海。其间太多人的阻止、劝说都没有改变我们的决定。当时在众人的反对下，我有意跟璐璐一块儿去。璐璐一本正经地说："你去，这次行动的性质就变了。"看着璐璐的坚持，我放弃了自己的想法。当璐璐安全回来后，知道的人没有不佩服的。这件事对璐璐来说是一个人生的转折点，它帮助璐璐重新建立自信，走出困境，走向拼搏！

家长的思维、言行无时无刻不在影响着孩子，影响着孩子的人生走向。

可又有多少家长把孩子的一切都代替了？孩子的事情家长做了，根本用不着孩子自己去想。孩子的问题家长给解决了，孩子还会去想办法吗？别说创新性思维了，就是常规思维也渐渐消失了。遇到事情就惊慌、求助，一点儿自理能力都没有，更别说主见了。

还有的家长在孩子做错事情、说错话时，就会大发雷霆，把孩子吓得再也不敢越雷池半步了，哪敢还有自己的主见？

妈妈手记 谁都喜欢有自己见解的人，谁也都喜欢听话的孩子。可一个孩子从小把所有人的话当作圣旨，言听计从，没有自己的想法，没有自己的判断，经常用听话去讨好别人……那他长大后，能有自己的世界吗？家长，要给孩子发言权，要给孩子思考的空间，这样长大的孩子才能得到很多人的认可！

一定要从小培养的几个品格

（一） 学会担当

推卸责任是孩子们犯错后常见的问题。一个没有担当的孩子将来怎样担负起属于他的更大的责任？遇事就找借口、推脱责任，这样的人谁敢把重任交给他呢？可是，大多数孩子在遇到问题时想方设法找借口来为自己开脱。

我是个比较随意的人，眼镜、手机经常会在教室的各个角落出现。

一天，当我在一张桌子上发现我的眼镜时，它的一个镜片坏了。我知道肯定是学生不小心弄坏的，可又没人敢承认。我当时就有些生气，问："谁把我的眼镜压坏了？"

"我没有！"

"我也没有！"

……

孩子们七嘴八舌地说。

"这就奇怪了！眼镜能自己坏了？"我的语气有些重。

孩子们面面相觑，就是没人承认，可我根据平时对孩子们的了解，心里已经有了数。我决定今天一定要查个水落石出。

"再想想，是谁不小心压坏的？老师又不怪你们。你们也不是故意的！"我的话尽管很真诚，但还是没人承认。

"男子汉，要学会担当。今天要是找不到谁把我的眼镜弄坏，我就让男生集体赔我眼镜。"我的这句话一出，男孩子们着急了。

"老师，小林好像离你眼镜最近。"

"就是，他刚才在那个桌子上坐了。"

"我也看见了！"

见同学们都把自己供出来了，小林只好支支吾吾地说："好像是我吧！我也没注意到。老师，我肯定不是故意的，我给你再换个镜片。"

可爱的孩子们一会儿工夫就把同学给"出卖"了。我忍不住笑笑说："你也不是故意的，老师不用你换，可老师喜欢你这种负责任的态度。谢谢你！"

听了我的话，他的脸有些红了。为了不使他更尴尬，我没做过多的强调，也没做过多的解释，只是表扬了他负责任的态度。

虽然我没说他什么，但是从此以后，小林再犯错误就不再逃避了。

要想让孩子有担当，家长必须允许孩子犯错误，要在孩子犯错误后帮助孩子分析犯错误的原因，而不是横加指责，甚至大打出手。否则，孩子就会有恐惧心理，在该自己负责任的时候去逃避，因为怕受到惩罚。

一天，璐璐放学一进家门就看上去不高兴。

我问："为什么这样不开心？"

"没有啊。"他头也不抬。

"肯定有事情。跟妈妈说说，妈妈给你分析一下看看是不是该不开心。"我继续开导他。

璐璐抬头看看我，见我和颜悦色的，就说："妈妈，我说了你可别生气！"

我肯定地说："当然不生气！"

璐璐见我向他做出保证，就大胆地说："妈妈，今天下课时，我把程莉的文具盒不小心碰掉在地上，摔坏了，可我没告诉她是我不小心碰的。"

我问："为什么不告诉她？"

璐璐吞吞吐吐地说："承认了还得赔她文具盒。她的文具盒很贵的，你还不打我？"

我听了后说："男子汉，要光明磊落，做事要敢做敢当！不就是个文具盒吗？就是再贵的东西，我们给人家造成了损失，就一定要去赔偿，把责任承担下来！妈妈不怪你，下午咱们拿上钱去给人家。"

璐璐听了我的话露出吃惊的神色，说："那我该怎样跟她说呢？"

我笑笑说："自己琢磨吧。"

下午，我给璐璐带了十元说："如果不够，明天再给她补上。"

家长的态度决定孩子的行为。对于璐璐无意的过错我从不批评，只是告诉他以后要注意，并且帮助他改正，所以璐璐遇事从不逃避，敢做敢当。

（二）学会道歉

道歉可以有效地解决正在发生的矛盾，它可以避免事情的恶性发展和有可能造成的不良后果。

我从小也可以说是一个很优秀的人，自然也很霸道，从不向别人低头，更别说道歉了，即便是做错了事情。这种做事态度一直延续到我做妈妈。

家长是孩子的第一任老师，在我这个家长的言传身教下，从小很优秀的璐璐也学会了霸道，在错误面前理直气壮。自从发生了几件事后，我认识到了问题的严重性，决定要做出改变。

三年级时，璐璐跟同学在放学的路上打架，对方家长来找我，因为我处理得不恰当，导致我在不得已的情况跟人家大吵一架。

当那个家长气冲冲地走了后，我当时突发奇想，觉得这正是教育璐璐的好机会。于是，我就告诉他是我们做得不对，应该向人家道歉。于是，我找出电话跟那个孩子的家长道了歉。然后，我对璐璐说："人要学会跟人吵架，也要学会跟人道歉。在万不得已的情况下，可以吵架，但是，吵架过后要学会跟别人沟通解释，该道歉的必须道歉，否则，事情会发展得更糟糕。"

那个家长跟我吵架后很生气，回家就把事情告诉了老师，要老师出面解决。可因为我的道歉，事情得到缓和，最终达成和解。

这一切，璐璐都是知道的。这件事给璐璐的触动很大。

有些教育的效果不是立竿见影马上能够体现出来的，只是在孩子心中种下了一粒种子，这粒种子在不断发芽长大，然后结出果实。

璐璐上初一的时候因为当面揭露好朋友的一些不恰当行为，两人闹得很不愉快，致使璐璐回家闷闷不乐。我告诉他是他做得不对，发现同学做得不恰当，可以背后给出建议，而不应该当面揭发，这是对他人的尊重。

璐璐认识到了自己的错误，第二天主动向同学道了歉，使同学关系缓和，两个人和好如初。

璐璐的事情给了我很大的触动，促使我在教学上也去影响我的孩子们，让他们知道，只要自己做错了，不管是谁都要给对方道歉。

为了强化孩子们的自尊心，我经常会采取各种方式来训练孩子们。

一次，四年级课上，我们比赛做数学题。在做题前，我对孩子们说："今天的题是我们学过的，谁做不对，我可要罚50元钱的！"

"老师，财迷！"

"老师，不公平！"

"凭什么罚我们钱啊？"

我的话音刚落，孩子们七嘴八舌开始抗议了，我知道这50元钱对他们来说是个大数目，孩子们一定会心疼。我心中暗喜，理直气壮地说："学过的内容你们还不会做，这样下去，家长以后会给你们花更多的钱去补课，不如我现在也捞点好处。哈哈，抗议无效！这个决定权在你们自己手里，给不给我你们自己决定。开始！"

孩子们很无奈，但也觉得有道理，只好乖乖就范。可他们不会想到这是我故意设的圈套，题出得大多数做不出来。

既然是比赛，就有时间限制。当我开始倒计时时，做出来的很少。此时的孩子们愁眉苦脸，生怕失去那一笔钱。

我说："没做出来的就出钱，如果谁不想出钱，那就举起双手来。举手的同学可以不交钱，给你们两分钟的考虑时间决定。"

我这一句话下去，教室里炸开了锅。有的说："不举，宁愿出钱。"有的说："我得想想。"有的说："老师你太黑！"也有的什么也不说，坐在那里默默地拿主意。

时间到了，我很严肃地说："举手，还是出钱？你们自己决定。不出钱的举手！"

开始谁也没有举手，坐在那里面面相觑。

"好吧，下次上课时，没做出题的同学带50元钱来。"我很认真地说。

见我这么肯定，一个女生小声说："我举手！"说着，她举起双手。

另一个女孩子见状，大声说："我也举！"

见此情景，我"嘿嘿"笑了。

这一笑坏了，第一个举手的女孩子马上意识到了自己的自尊受到伤害，大声说："老师，你伤害我们自尊！"说完，就大声哭了起来。

这下我慌了，以前这样的活动也进行过，我们都是在嬉皮笑脸中结束游戏，把自尊的种子种在他们心里。可今天这个女生的反应出乎我的意料。更让我没想到的是，她竟然哭着跑出教室躲到墙后面哭。

说实话，我吓坏了！我急忙跟出去抱着她说："老师这是在做游戏，别在意，咱们回去。"

"太丢人！我不回去！"她哭得更伤心了。

"老师对不起你！咱们回去再说……"

在我的劝说下，孩子回到了教室。我怕她在心里留下阴影，就决定当着全班同学的面向她道歉，正好那天还有一位家长也在。

我拍拍讲桌，一脸的真诚，叹了一口气说："同学们，今天我当着大家的面正式跟依依同学道歉。"

孩子们听了我的话都瞪大了眼睛，连一旁的家长也用奇怪的眼光看着我。

"今天因为老师的一个不恰当的游戏伤害了依依同学。依依，老师对不起你！请你原谅老师！"

这时，教室里很安静，依依也不哭了。

我接着说："自尊是对一个人很重要，可咱们这是做游戏，同学们不要当真。之所以依依和心月同学举起手，与她们平时的花钱习惯有关，老师能看出来她俩平时很节约，不乱花钱，所以很珍惜钱，做得没错！可是，有些时候，就是面对再珍贵的东西，我们不该珍惜的时候也要放弃！"

话点到为止，我不敢再深说。可我知道这件事已经给孩子们留下极其深刻的印象，会让他们记住"尊严"的存在。

这是我第一次向学生正式道歉，我觉得很有必要，我要让学生知道道歉并不丢人，它是沟通的另一种方式，我想他们会理解的。当然，这件事情璐璐也在第一时间知道了。他听了我的描述后，表扬我说："妈妈，你真棒！我要是能遇到你这样的老师那该多好啊！"

我之所以把这个案例写得这么详细，是为了让家长从这些细节中体会更多教育理念和思想，从中去升华、探究更好的教子方法。

（三）学会抗议

包容、让步可以体现一个人的肚量；不跟人斤斤计较，可以避免很多不该发生的矛盾，使人际关系更加融洽。

最近六年级班里来了一个女孩子，这个孩子经常跟班里的男生吵架，然后自己也闷闷不乐，或者伤心地哭，很影响学习。

男孩子大都比较调皮，尤其到了高年级阶段，总爱给女孩子捣乱，这是成长的自然规律。可是，这个女孩子一点儿也不吃亏，只要男生跟她开一句玩笑，她就会翻脸骂男生，跟男生吵架。可有的男生不怕，以跟女生吵架为最大的快乐，故意惹她生气，给她捣乱，致使她经常跟男生针锋相对，怒目圆睁，结果不起任何作用，只是让自己很不高兴。

班里也有这样一个女生，她学习成绩很优秀，男生很不服气，有一段时间，只要这个女生第一个做出题来，这些男生就针对这个女生，说一些风凉话。可是这个女生从来不生气，总是对男生笑笑。她的包容和让步也许是让男生很感动，也许是让男生觉得因为吵不起架来而失落，反正后来他们再也不咬牙切齿地针对这个女生。

两个女生，两种态度，前者每天不高兴，后者把矛盾化解在微笑里。这就是对人、对事是否包容与让步的直接结果。可过度的包容让步容易使孩子懦弱。所以，在必要的时候也要让孩子学会抗议！

几年前，女孩小锐在同学的介绍下来我这里学习。她文静内秀，很是招人喜欢。

可是时间长了我便发现了问题。

适当地给孩子们奖品是我激励孩子们积极学习的手段之一。

一次上课前，因为孩子们完成了写日记和读书作业，我便给每人发了一块橡皮。橡皮的颜色、形状各不相同，发出去后有些女生不太满意。

"老师，给我换一块，我喜欢红色的。"

"老师，我也换，我喜欢白色的。"

"不可能！"我的语气很坚定。像这样的请求我从来不满足他们，要让他们学会不要斤斤计较。

"小锐，我跟你换了吧。"刚才要求换橡皮的女生见在我这里没希望，就把希望转移到同学身上，在没有取得小锐同意的情况下，就直接把橡皮从小锐的桌子上拿走了。可小锐看着自己的橡皮被别人拿走却一言不发。

我心里想：这孩子能做出让步，还挺大度。于是，我更喜欢她了。

孩子们见小锐没反应，在以后发奖的时候，只要谁不喜欢自己的奖品，就理直气壮地换走小锐的奖品。看着这一切，我心里就很不是滋味了，这样的表现是正确的让步吗？一个孩子包容别人到连自己喜欢的东西都看不住，那这样发展下去，孩子会形成习惯性的懦弱。我决定插手了。

又一次发橡皮后，我故意给小锐发了一块好看的橡皮。这时，小林走到小锐面前，拿起橡皮说："咱俩换了吧！"

小锐见此情景脸红了，可是什么也没说出来。让我没想到的是，小林刚把自己的橡皮放在小锐的桌子上，小佳就过来了，她像小林一样，拿起小锐桌子上小林的橡皮说："我喜欢白色的。"然后，把自己不喜欢的橡皮放在小锐的桌子上。小锐的脸更红了，不知所措地看着桌子上的橡皮。

"你喜欢这块橡皮吗？"我问。

小锐摇摇头。

我又问："你喜欢哪块橡皮？"

小锐低声说："我喜欢自己的那块！"

我紧接着问："那小林换的时候，你为什么不拒绝？"

小锐不说话了。

为了不因为这件事让小锐跟同学们闹矛盾，也为了给小锐壮胆子，我对着全班学生面说："小锐，老师很喜欢你的大度！但是，这个大度是有限度的，我观察你很长时间了，你每次都让步，连一次抗议都没有，这样下去你还能保护好自己的物品吗？还能保护好自己吗？今天你必须把自己的橡皮拿回来！"

小林见我这么说，就拿起那块橡皮主动说："还给你吧。"我马上制止说："不行！必须让小锐自己拿去！"

开始的时候，小锐一动不动，坐在那里犹豫不决，同学们都看着她。

"小锐，你今天必须把橡皮拿回来！否则，我连课也不上了。"

"小锐，取回来！"

"小锐，怕什么？"

在大家的鼓励下，小锐终于红着脸鼓起勇气拿回自己的橡皮。我心想：成功了！这样的勇气有一次就够了。

因为这一次的事情，接下来几次没发生这样的换奖品事件。可是，孩子毕竟是孩子，过一段时间就会忘掉。

又一次发自动笔，小林同学故伎重演，拿起小锐的自动笔说："咱俩换了吧。"这时，小锐低声说："我还喜欢呢！"说着，从小林手中拿下自己的自动笔。

为了巩固小锐学会抗议，在以后的课堂上，我故意给他们留一些不合理的作业。这难免会引起孩子们的抗议，我便宣布："只有小锐抗议，抗议才有效！"听了我的话，同学们便鼓励小锐向我抗议。就这样，一次次的抗议成功给了小锐很大的勇气，她逐渐学会了勇敢，学会了抗议，学会了保护自己。

一天上课前，小锐的一个男同学告诉我说："老师，你真狠！把小锐教得现在在学校里都敢跟我们男生打架了。以前我们咋给她捣乱，她都从来不说话！"这样的话她的同学跟我说了不下三次。

我听了这话很开心！

其实像这样的孩子很多，家长往往觉得不知道如何引导才是最恰当的。要想让孩子勇敢起来，家长首先给孩子力量！训练最好先从家里开始，创造各种情境让孩子合理反抗、给孩子反抗的空间和机会，孩子具备了反抗的勇气后，就学会了保护自己！

教给孩子包容让步的同时，我们也要教给孩子学会反抗。当然这种反抗要看情况而定，但不能是和他人斤斤计较。

（四）学会竞争

在这个竞争激烈的大环境、小环境里，不管是大人，还是孩子，都有很大的压力。重重压力下，要想让孩子经得起考验，经得起磨砺，有自己的一席之地，必须使孩子具备健康的竞争心态。

去年，一个六年级男孩子要来学习作文。没等他来报名，他的优秀就早被他的同学报告给了我，说他可是他们班的大才子！听了这样的话，我想：我得好好发现一下这个孩子究竟优秀在哪里。

这一天，这个男孩子终于出现在我的教室。他刚进门，同学们就大呼"才子"！看他自信的神情，我想他一定不错。

第一次作文课上，他的表现果然不出我所料，勇敢，语言表达能力非常好，观点也很新颖，有自己的主见。我给了他肯定，自然维护了他"才子"的荣誉。

接下来的课上，我们比赛做数学题，这在我的课堂上是经常出现的情况。第一次做数学题的时候，因为我不了解这个孩子的数学基础，怕他因为做不出题而受到打击，就出了一道不是有难度的题，先给他一些自信。

我把题出了后，学生们拿起笔很认真地做了起来。而他不动笔，只是坐在那里用手比画，可比画了半天，最后还是没做出来。他看上去脸有些红，很不自然的样子。等我讲出答案时，他说："老师，我看错题了。"我知道其中的原因，但也没指明，接着出了下一道题。

下一道题有些难度，学生做出来的不少，他写了半天，式子乱糟糟的，我也没看出个思路来。

两道题没做出来就让这个孩子受不了了，因为他怕他的"才子"地位会动摇。他不服气，决定在我这里学习数学。可是刚来时，他的思维没有得到锻炼，做题自然在速度和质量上不如我原来的学生，于是，他想出来了自己的办法。

一次，我刚把题出在黑板上，就见他拿起笔来很迅速地写了起来。我心里想：时间这么短就有进步了。他旁边的同学见他做题这么快，就乱阵脚了，用羡慕的眼光不停地去扫他，结果思路打乱了，做题的速度慢了下来。

做着做着，我就纳闷儿了，为什么他早就下笔了，可是这么长时间还做不出来？于是，我走近他的身边去看，一看本子上没有一个准确的式子。"为什么还没做出来？"我小声问。他什么也没说，诡异地跟我笑笑。我有些莫名其妙。

这个孩子是个诚实的孩子，下课的时候，他来到我跟前悄悄地对我说："老师，你知道我为什么一看见题就写得那么快吗？"我看看他没说话。

"嘿嘿，老师，我是为了先把他们吓得不会做题了，我就有很充足的时间做题了。我厉害吧！"他的语气很得意，还想得到我的表扬。

黑招！我在心里这样想，可嘴里还是说："说实话，你能想出这样的办法很聪明！但是，你的竞争手段有些不恰当。竞争要公平，否则就失去了意义！这招允许你使用三次，三次后，你再看看效果怎样。"听了我的话，他笑笑。可出乎我预料的是他没再使用这一招。

这件事情过后，我就在这个课堂上给孩子们讲了我上学时候的故事：我的一个同桌学习不好，考试的时候他就会抄书，在抄完后会把书偷偷给我让我抄。我是坚决拒绝，觉得那样考出的成绩就不是自己的真实水平，即使考好了也不会高兴，然后告诉我的孩子们竞争一定要公平。我相信我的话会给孩子们启发的。

（五）学会诚实

诚实是一种品质。诚实的人会得到别人的信任，并被委以重任。

一个诚实的孩子能够健康快乐地成长。那么，要想让孩子学会诚实，首先家长要允许孩子犯错。

一位家长跟我交流的时候说了这样一件事。

这位家长对孩子从小要求很严，不让孩子乱花钱，也不能向爷爷要钱随便买东西。在她的控制下，孩子还是挺乖，她心里高兴极了。

有一天，她去一家小卖部买东西，卖货的大姐表扬她说："你管孩子真严，连孩子玩具都不让买。你看，你儿子买的玩具寄存在我这里，玩的时候就来取。"

回到家里，她对孩子说："儿子，今天我去小卖部了，看见那里卖的玩具很好。你就不想买一个？"

孩子说："妈妈，我不买。"

家长一听孩子的话，心里犯嘀咕了，如果这样下去，孩子将来会养成撒谎的习惯，对孩子的成长极为不利。于是，她和颜悦色地说："儿子，今天小卖部的大姨批评我了，说我管孩子太严……"

没等她说完，孩子的脸红了。他问妈妈："大姨还跟你说什么了？"

这位家长笑笑说："她可是都说了。那个大姨说你买的玩具寄存在她那里，你玩的时候就去取。"

孩子见妈妈还在笑，就不那么紧张了，说："妈妈，你会打我吗？"

"妈妈不打你，但是以后不管有什么事情都要跟妈妈说。你是小孩子，喜欢玩具很正常，为什么要瞒着妈妈呢？还想买什么？妈妈给你钱。"

妈妈的一番话让孩子大吃一惊。从此后，孩子不管做了什么事，都要告诉妈妈，不再隐瞒。

大部分孩子不诚实的原因都是怕受到批评或者惩罚，如果家长在孩子犯错时给予正确的引导，而不是龙颜大怒或者大打出手，给孩子留一些反思的空间，孩子会做到诚实的。

璐璐很诚实，从来不撒谎，他说的每一句话我都信。我是个比较散漫的人，家里的钱到处乱放，可璐璐从来不偷拿一分钱。一次，我故意强化璐璐说："儿子，你是个好孩子，从来都不随便拿妈妈的钱。"

璐璐从小不管做了什么错事，尤其是不小心做错的，我只是提醒他以后要注意什么，而不是去批评。

　　在做事方面，我一向是以行动在影响璐璐。这个影响不是我有意而为之，都是在平常的点点滴滴中慢慢渗透。

　　让我记忆最深的是我做的一件很"傻"的事儿。那一次，我带着璐璐去买羊肉片儿。等回到家算钱时，我发现钱包里多了２０元钱，我觉得不对劲儿，就回忆刚才发生的事情，是卖肉的多给我钱了。我想：多找就多找吧！不行，人家辛辛苦苦一天能赚多少钱？留下钱太不忍心了。

　　下一次，我带着璐璐路过那个卖肉的地方时，我进去拿出钱给人家说："给你钱！"卖肉的瞪大了眼睛问："什么钱？"我很不好意思说："上次你多找我钱了，当时没时间送来。"卖肉的不说话了，买肉的人像看着外星人似的说："哪有这样的人呢？"

　　同样的事情发生在了璐璐身上。一天，我跟璐璐去市里坐公交。上车的时候人很多，我们从后门上去司机也没看见，人多也没交钱。我想今天省下两元钱。嘿嘿，没想到，等车到站人们都下车后，璐璐走到前面把两元钱扔进箱子里。司机很好奇地问："你这是干什么？"璐璐说："我们上车没交钱。"我见了，表扬了璐璐："我的儿子是个超诚实的孩子！"璐璐听了不好意思地看看我。

　　教育孩子是一门艺术，身教胜于言传，但言传也要注意方法，有时，间接引导比直接说教更起作用。

　　璐璐是个很热心的孩子，上高中时走读，经常会帮助同学们做些事情，包括网购。一般情况下，我都会支持，给他们先付钱。一次，璐璐回家对我说："妈妈，今天李明要我在网上给他买个200元的打火机。"

　　我一听，就直接拒绝他说："小孩子买这么贵的打火机干什么？不给买！"

　　璐璐有些为难说："我已经答应他了。"

　　我问："那他妈妈知道吗？"

　　璐璐说："他不敢跟他妈说，他说用生活费还我钱。"

我义正词严地说："璐璐，不是妈妈不愿意帮他，而是不应该帮他！如果帮助他，就等于害他，帮助他养成坏习惯。孩子必须得诚实，哪能瞒着妈妈买这么贵的东西呢？如果实在喜欢，也可以跟妈妈商量，但不能瞒着买下。他今天瞒着妈妈买了这个小小的打火机，那以后说不定会瞒着妈妈买什么呢！到时候没钱时，他会通过一些不正当的渠道来获取钱……"

我的一番话让璐璐很受触动，欣然同意了我的看法，去学校跟同学说明了我的意思。

这一番话看似在说别人，实际也在说给璐璐听，让他知道我的做事态度，也让他知道自己的事情该怎样做。

家长的做事态度会直接影响到孩子。看似给孩子一个"美丽"的情景，殊不知这样会带给孩子一个误区。每一个孩子都很聪明，他会在一段时间后发现这个谎言，但大多数时间孩子会小心翼翼地"守护"着家长的秘密，久而久之，孩子也会向着这个方向发展。

我带了近20年的学生，经历过各种个性的家长，在孩子身上都可以找到他们的影子，包括说话的语气和待人的态度等。所以家长要想让孩子做什么样的人，首先自己先做到。可能这句话我重复好几次了，因为很重要！

妈妈手记 智商对一个孩子很重要，而情商对孩子更重要！一个孩子即便智商很高，如果情商不足，也难有作为。家长的眼光要放远，不要为了眼前利益而给孩子一个错误的导向。当孩子的认识不恰当时，家长要及时纠正，不能听之任之，或者觉得这不重要而忽视。因为一个小细节有可能会决定一个人的成败！

巧妙引导孩子的几个小问题

（一）老师不公平

"老师偏心眼儿！"

可以说，这句话经常挂在孩子的嘴边，也正是这样的认识，影响了孩子们对老师的看法，影响了孩子们学习的积极性。

一次，我上阅读课，在我的鼓励下，孩子们争先恐后地举手回答问题。我表扬他们说："如果你们一直能保持这样积极回答问题的态度就好了。"

我的话音刚落，其中一个孩子就气冲冲地说："在学校里，以前我总举手，可老师也不让我回答问题，以后我就干脆不举了。老师偏心眼儿。"

我笑笑说："那你就错了！举手是告诉老师你会不会回答这个问题，与老师是不是叫你回答没有关系。老师也有老师的想法，比如说我吧，让你们回答问题的时候会想哪个同学适合回答哪个问题，尽量不让能轻而易举回答出问题的同学发言，否则，那样就没意思了。老师这里的学生少，一般情况下能照顾过来。可学校里那么多同学，就不可能每个同学都能回答老师的问题了。老师会爱每个学生，没有偏心眼儿！"

我的一番话后，这个孩子不说话了。

其实像这种情况在璐璐身上也发生过，我的回答也一样。作为家长，我们明知道老师有时是不公平的，但是千万别当着孩子说出来，尽可能告诉孩子老师是公平的，否则，孩子们会对老师更有成见的。那样，孩子就不会去尊重老师，也不去听老师的话，对孩子的成长没有任何好处。

当然，有时也可以这样说一些让孩子们能够接受的真话。

一次六一节，璐璐一回家就很生气地说："小丽根本没我好，可老师把区三好学生的名额给了她！不就是她妈是校长的朋友嘛！不公平！"

说心里话，我也知道老师不公平，可是又能怎样？老师也有老师的难处。璐璐不是个说几句敷衍的话就可以把他说服的孩子，为了能让他心理平衡，只好实话实说："妈妈也觉得不公平。可是，这种情况也可能会发生在妈妈身上。比如说，在同样的情况下，妈妈朋友的孩子和其他的同学争取一个谁都可以做到的小机会，你说妈妈该把这个机会让给谁呢？妈妈能不给朋友面子吗？这是人之常情。不过，小事情可以这样做，但是在真正的竞争面前就要靠自己的能力了！我们要好好努力，有了实力，将来谁也抢不走。你说是吗？在小事情上很难做到绝对的公平，你要理解老师。如果你是老师，你该怎样做呢？"

听了我的话，璐璐似乎觉得很有道理。以后再遇到这样的事情，他回来也跟我说，但是不会再像以前那样生气，最起码在心里能够接受了。

说实话，老师也是人，有些东西的确做不到完全公平。这是很正常的事情，家长要理解，不要孩子一回家反映问题，家长比孩子还生气，那就坏了。以后孩子还会找出老师更多的不公平。

为了了解孩子们的心理状况，在课下，我会经常跟他们谈论学校里的事情。往往有孩子这样说："老师，我们老师太讨厌，同学们都说话，可老师只批评我！"

"哈哈，我也会这样做的！"我得意地笑着说。

"为什么？"

"如果我没猜错的话，你在班里经常说话！喜欢说话很正常，因为你们是孩子，大人也想说话。但是，不分场合说话那就不可以了，尤其是不分场合说更多话的人就该得到最多的批评。因为人家不经常说话，偶尔说一句老师是可以原谅的。如果你经常说话，那老师就该杀杀你的话匣子了。你说是吗? 要是我，我也批评你，尽管我还是很公平的。"

每当此时，孩子就会哑口无言。所以，家长在跟孩子沟通的时候，一定要理智，尽量帮助孩子正确理解问题，让孩子在自己身上发现问题，然后去改正。即使老师不公平，你也改变不了老师，唯一的办法只能是让孩子适应老师，适应这个大环境。任何抗议的言行，只能是徒劳，或者给孩子的成长带来更多的困惑。

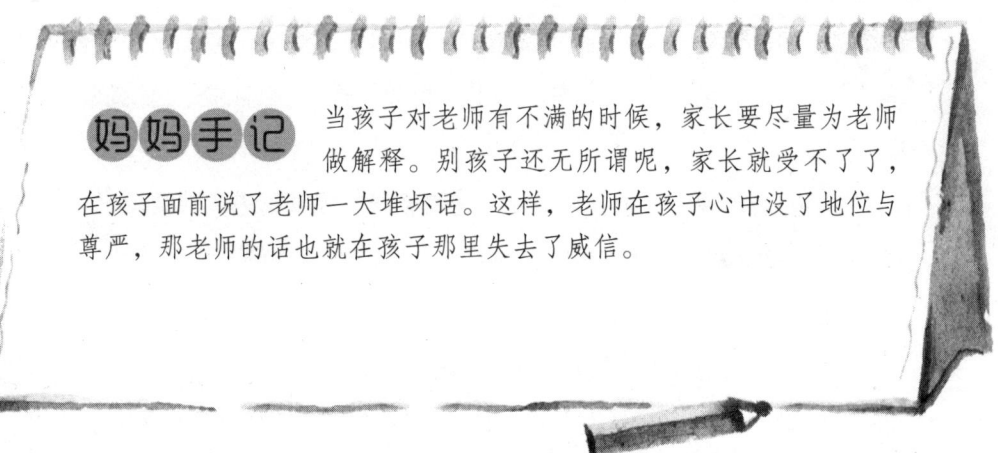

妈妈手记　当孩子对老师有不满的时候，家长要尽量为老师做解释。别孩子还无所谓呢，家长就受不了了，在孩子面前说了老师一大堆坏话。这样，老师在孩子心中没了地位与尊严，那老师的话也就在孩子那里失去了威信。

（二）攀比

攀比可以说也有积极的成分在里面。一个喜欢攀比的孩子，一定是不想比别人差。可这个攀比如果用在一些积极的方面就会产生积极的思想，积极的言行；如果用得消极，那就会使孩子滋生虚荣心理，对孩子的成长百害无一利。

孩子小，不懂事，什么都可以成为他们攀比的内容。

璐璐上一年级时，一天放学回来，他得意洋洋地对我说："妈妈，今天小凡说他爸是警察。我对他说："'我爷爷还是公安局长呢！我姑是博士后！'再让他在我面前显摆！哼！"

　　这样的话，我听过好多次了，我觉得该跟他说些什么了。于是，我说："爷爷是局长，姑姑是博士后，值得我们为他们自豪！但是，他们的优秀跟你没有任何关系。所以，以后不要跟别人说这些。你要为自己的优秀而努力！"

　　打这以后，璐璐就很少说这样的话了。不是璐璐听话，而是在生活中，我会处处做给他看，以此来打消他攀比的心理。

　　为了培养璐璐、学生们艰苦朴素的精神，我以身作则，一向以朴素自居。一次，我去买菜，素不相识的卖菜大姐都看不惯了，她很热情地对我说："你这个老师跟别的老师不一样。别的老师化妆，打扮得很漂亮，你老这么朴素！"

　　有时璐璐也会对我说："妈妈，你看人家邻居家阿姨穿的袄多好看啊！你也去买一件吧。"

　　听了璐璐的话，我就会说："为什么她有了袄，我就得去买一件呢？"

　　"人家有，你没有。你不觉得自己比不上人家啊？"璐璐的话有些道理。

　　我故意想想说："为什么她有，我也非得有呢？有一件衣服就会比别人优秀吗？我跟别人比的是能力，而不是外表的东西。"

　　璐璐这样说过我几次后，就再也不说了。因为我在不断地用行动告诉他应该怎样做自己。当别人买来一大堆化妆品美化自己时，我买来一大堆书去读；当别人穿着艳丽的衣服逛商场时，我在家里学习；当别人给孩子买来昂贵的衣服时，我给璐璐买来价格不菲的名著、百科全书……就这样，在潜移默化中，渐渐长大的璐璐从不跟同学攀比。现在上学不带手机的很少，而璐璐一直不要手机，任凭我怎样求着给他买都被他拒绝了。因为要住校上高中，我趁机给他买了一款比较好的手机。结果他带了一个月后，把好的手机留给我，带走我老款的手机，他告诉我："妈妈，我的手机能打电话就行了。"

　　家长的价值观影响孩子的是非观。

不少家长见别人给孩子买来漂亮的羽绒服，生怕自己孩子没有面子，省吃俭用也得买上一件。还有的家长见同事买来效果很好的化妆品，就想方设法给自己也买来一套……这一切的一切，孩子看在眼里，学在心上。他们能不见别人有什么，自己要什么吗？

这样的攀比心理任其发展下去，孩子只能是多一些虚伪，多一些虚荣，不实事求是，严重的甚至为了达到自己的虚荣心会违法犯罪。这样的事例还少吗？

看看孩子们的文具盒。我曾经在一个孩子的笔包里一次数出60支笔。我问她："为什么买这么多？"她说："别人有，我也买。"

一次，一个孩子拿着一个溜溜球说："老师，我这个溜溜球100多元钱买的。"

我问："为什么买这么贵的？"

他说："我们班好几个人都买这么贵的。"

最近，六年级两个堂姐妹来我这里学习。其中姐姐她爸爸给她买了2300元钱的手机。过了不长时间，妹妹也兴致勃勃地对我说："老师，我爸也要给我买手机！由我挑。我挑个比我姐贵的。我爸说了，多贵也给我买，只要我喜欢！"

像这样的家长还有很多。爱孩子没错，但是要注意方式！孩子要，你就给他买？在你能买得起的时候情有可原，如果你没能力买的时候，你该怎样来满足你的孩子？孩子的欲望是在不断滋生的，家长迟早会有达不到孩子要求的时候。那时候，已经长大了的虚荣是不容易让它消失的。

我的一个童年伙伴，从小家长娇生惯养，要什么给什么。一次，她见已经订婚的好友买了一件很贵的衣服，她也要妈妈给她买。妈妈不答应，她就跟妈妈吵架，一气之下用手去打玻璃，结果让玻璃割伤手腕，若不是及时送往医院，生命也会有危险。

这就是攀比给孩子带来的实实在在的危害，家长不要为了表面上的荣耀而对孩子的要求无原则地满足。否则，迟早会吃亏的，真到那个时候，后悔也晚了。

妈妈手记 孩子在成长过程中不管出现哪种心理都很正常。只要家长正确引导，以身作则，孩子就能够正确看待问题，正确处理问题。

（三） 上课不听讲

来我这里的学生有很大一部分是比较淘气的孩子。他们家长第一次见面就会数出孩子的一大堆毛病，其中最集中的问题就是上课不听老师讲课。

下面是我的一篇教学心得，从这个案例中，我们可以看出孩子上课不听讲的原因在哪里。

慢慢来，给孩子一些时间

三年级一开学，一个学生的奶奶就滔滔不绝地告诉了我许多关于孙子的"恶习"，什么上课不听讲了、爱做小动作等。

"老师，您该打就打，该骂就骂！以前的老师好歹管不了，把他放在教室后面，干脆就不管了，爱干啥干啥了！只要您能把孩子管好，我这一辈子也得谢谢您！"奶奶的一番话让我听得很不是滋味。看了这位奶奶那一脸的信任，近乎祈求的眼神，我的心在颤抖！

　　带着家长的信任，我走近了这个孩子。

　　一开始安排座位，我故意把他安排在第一排。上课时我用余光不时观察他。果然像他奶奶说的那样，老师讲课，他不看黑板，低着头，手在不停地玩着桌子上的东西，还不停地调换坐姿。一开始，我以敲黑板的方式提醒他，没有单独把他指出来。可刚抬起的头没多长时间又低了下去。几次试过后，效果不是很好。

　　接下来上课的时候，我总是把他叫起来，故意让他回答一些简单的问题。我知道，复杂的问题他是回答不出来的。每当他答对一个问题，我就会这样表扬他："你听课非常认真，回答得很好！"听着我对他的表扬，他瞪着好奇的目光看着我，然后，继续低着头玩自己的。

　　就这样，我经常让他回答简单的问题，他也经常会得到我的表扬。当然了，有时会专门把他奶奶叫来，故意当着她的面表扬他。看着他那自豪的神情，我心里想：快成功了！

　　接下来上课时，我就对他说："老师讲课，你最好把头抬起来，否则，老师还以为你没听课，会生气呢！再说了，上课抬起头看老师是对老师的尊重，说明你喜欢老师！"听了我的话，他会尽量看着我，可还是偶尔会低头玩。为了能够起到强化的作用，我故意抓住机会表扬他："现在呀，咱们班里×× 同学进步可明显了，你们看他这几天，听课多认真啊！以前总低着头玩，现在表现可好了！"

　　就这样，我不断地激励着他。经过一学期的坚持，现在这个学生上课听讲非常认真，不管坐在哪个位置都能专心听讲。他的奶奶见我就说："老师，还是您有方法。要不是您，这个孩子就完了！"

　　听了这位奶奶的话，我感到十分欣慰！

　　作为老师，教育学生一定要有耐心和爱心！以表扬为主，让鼓励成为重要手段。孩子毕竟是孩子，一个好习惯的养成不是三天两天就可以见成效的，要给孩子时间，要对孩子有信心，其中最主要的还是要尊重孩子！这样，他们才能在自尊心不受伤害的情况下，渐渐认识到自己的不足，然后去改正。如果老师一味地批评，孩子只能是破罐子破摔，甚至在老师不正确的心理暗示下染上其他恶习。

老师，应该做好学生的引路航标！积极引导，给孩子时间，孩子会让你满意的！

从上面这个案例可以看出孩子在学校里不听老师讲课的主要原因有孩子得不到老师的重视，或者是受到批评后对老师耿耿于怀，或者是听不懂老师讲课。

当孩子课堂上不听讲的时候，家长首先要跟老师沟通，让老师在课堂上多关注孩子，让老师做孩子在学校的第一监督员。

如果是孩子因为听不懂而上课不听讲，那家长就得在家里进行辅导与疏导了。

一个妈妈带着一个孩子来找我，说孩子上课不听讲，成绩也不好。我通过观察发现，这个孩子上课时不能跟着老师的思路走，老师前面讲过的内容他还不会呢，后面的内容他听起来那就跟听天书一样，结果在做作业时也会遇到很多问题。这样恶性循环下来，成绩肯定不好，上课想听也听不懂，只好自己坐在那里玩了，久而久之就养成了坏习惯。

我决定帮助这个孩子，单独带他一段时间。

为了让孩子在课堂上能听懂老师在讲什么，我首先把下一课要学的内容提前给他预习一次，凡是内容涉及的其他知识从头补上。可我故意留下一个内容没讲，然后说："今天老师没时间给你讲这个了，你明天去听老师怎样讲，回来如果能给我讲讲那就更好了。我想知道，我跟你们老师讲课的时候有什么不一样。"小孩子好胜，当他觉得我需要他帮助的时候，他显得格外开心，兴致勃勃地说："好，我明天回来告诉你。"我摸摸他的头说："我先谢谢你！"

第二天，他来上课，一进门就说："老师，我可知道了，你讲课没我们老师快。"

"就这些？"我问。

他想了想说："好像没有了。"

"好！老师知道了，老师还知道你今天听课特别认真。你帮助了老师，老师给你发奖。"我说。

他瞪大了眼睛说："真的？"

"当然！因为你发现了老师的问题，如果以后你能继续帮老师发现我的毛病，那我会更感谢你的！"我说得很真诚。接着，我拿出了提前准备好的奖品，发给了他。

看着他高兴的样子，我问："在课堂上回答老师问题了吗？"

"没有，我没抢过他们。"他结结巴巴地说。

我知道他在说假话，因为他还没有这个自信心，也没有这个积极回答问题的意识。我便趁机鼓励他说："老师知道你想回答问题，那我们先做好准备。"

"好！"他很有信心地说。

接下来这一堂课，我还是按照前一课的方法给他讲第二天要学习的内容，并补习以前落下的内容。在讲新课的时候，我故意把一个简单的内容讲错了。下一次来上课，他像发现新大陆一样，带着惊喜的语气对我说："老师，你给我讲课讲错了一个地方。"

"不可能！"我很坚定。

见我不信，他急忙拿出书翻开给我指出哪里错了。正是昨天我故意讲错的部分。我心里高兴了，故意装出生气的样子说："你很讨厌啊！谁让你听课那么认真？这么一个小错误都被你发现了！"

他听了我的话，得意地笑了。

"老师，我今天还回答了一个问题。"然后，他急忙补充说。

我赞许又显得不可思议地摇摇头："好家伙！你真棒！"

"明天我争取多抢几个。"他很得意地说。

我知道这句话是真的，因为他已经体会到学习的快乐。为了感谢他发现我的错误，我拿出家里的糖果送给他。

就这样，在我变着花样激励他上课认真听讲的情况下，一天，他告诉我他的老师表扬了他，经常让他回答问题。为了能得到我和他学校老师的表扬，他上课认真听讲，学习成绩自然上来了，听课习惯也养成了。

教育是一件很艺术的事情，没那么容易，尤其对"问题"孩子来说，家长更不要着急，也不要急于求成，应采取多鼓励、少批评，多引导、少指责的态度对待孩子。

妈妈手记 孩子上课不听讲的原因很多，家长要弄清楚原因后跟老师结合共同去帮助孩子。切不可听了老师反映的情况后就去指责孩子，威胁孩子，甚至是打骂孩子，更不可以经常说孩子不听课而去给孩子心理暗示！

（四）胆子小

接触过很多胆子小的孩子，别人回答问题，他们坐在一边看；别人唱歌，他们坐在一边看；别人说笑，他们坐在一边看……这样的孩子不敢表现自己，也很难融入集体，遇到问题不能及时寻求帮助得到解决，比较孤立。

说一个胆子小的很典型的案例。

一个星期六，因为我临时有事情不能上课，我给下午要上课的六年级孩子家长群发了短信，告诉他们下午不上课。可我又怕有的家长收不到，就在快要上课的时间一直等在门口的屋子里，怕有孩子们来，一直等到超了上课时间半个小时后才去做自己的事情。

如果上课，下午四点就会结束。可是，在五点半的时候，门外传来敲门声。我开门一看，一个六年级女孩子的家长。

"我来接小锐，来得有些晚了。"她抱歉地说。

我一听害怕了，吃惊地说："今天没上课，小锐没来呀。给你们发短信了。"

"什么？小锐没来？我一点半多就送来了。（两点上课）"她妈妈着急了。

"不可能吧？我一直等在门口，也没听到有人敲门啊！"听了我的话她妈妈吓得面色苍白，急忙拿起电话给家里人打电话，可是问了好几个人都说没见到孩子。

她妈妈吓得不知如何是好，我也吓得够呛。结果给她奶奶打去电话时才知道孩子在奶奶那里。

一块石头终于落了地。我对她妈妈说："肯定孩子没敲门，你回家问去吧。"

下一次上课的时候，那个女孩子告诉我，她来到我门口时见没开门，也不敢叫我，就在门口等了一会儿，见还不开门，就决定自己走着回家去。她家离我上课的地方很远，当她走到半路害怕时，又不敢返回来，只好硬着头皮找到了奶奶家。多亏孩子大了记住了路，否则肯定会迷路。

我问："你为什么不敲门就走了？"

"我不敢！"她低着头说。

我为教育问题批评了她的妈妈。六年级了，孩子这么胆子小，回家连个电话也不懂得打给妈妈。这样的孩子将来怎样走出家门，走向社会？

我认识到了问题的严重性，在以后的上课中我尽量锻炼她。我的课比较随意，有时带着孩子们去做好事，有时带着孩子们去玩，有时带着孩子们去买好吃的。

每次孩子们要求去之前，我都会让小锐决定，我说："你说吧，去，还是不去？只要你决定了，我就执行。"

出去买东西时，我先让她选。

在课堂上活动，我鼓励他说出自己的想法，要勇敢发言。

就这样，在我的鼓励下，这个孩子的胆子渐渐地大了起来。在吃毕业饺子时，孩子们抢着吃，居然她抢得最多。一个男生这样说："没想到小锐也会抢饺子了，她还带头抢！"我听了笑着说："再像以前的胆子小，她只能饿肚子了。"

其实，孩子们胆子小，主要还是接触的事物少，还有不自信，总觉得自己什么事情也做不好，索性就不去做，生怕被别人笑话。

我的课堂上，经常会有唱歌活动，有的孩子肆无忌惮地唱，而有的孩子任凭你怎样鼓励也不起作用。

一次，我们又在唱歌，一个孩子好歹不唱。我问原因，她说唱歌跑调。听了她的话，我哈哈大笑说："我就喜欢跑了调的歌，否则听得没意思。"说完，我故意跑着调唱了两首歌，孩子们笑得前仰后合。

我说："唱歌要的就是这个效果！"之后，我也没让她再唱。可在下一次唱歌时，她就敢唱了，尽管声音比较小，可她终于迈出了勇敢的第一步。

从这些事例中，我们可以发现孩子胆小也与家长与老师的要求有关系。孩子在家长完美的眼光里生怕自己做不好而挨骂，所以就不敢轻易去做事情，从而养成了胆小的毛病。

一个三年级孩子刚来时跟谁也不敢说话，人家一起吃东西，一起讨论问题，一起上厕所……而她坐在那里一副闷闷不乐样子，也不跟别人交流，很是孤独。

为了能鼓励她多说话，一下课我就跟孩子们拉家常，说学校里的事情；每个人都说，慢慢地，她也敢说话了；在她拿来零食的时候，我就主动先吃，然后让她分给同学；上课的时候，专找容易的问题让她回答，念课文等，鼓励她抗议我的决定。

总之，给孩子锻炼胆量的机会，不要对孩子有苛刻的要求。孩子会自由发展自己的个性。

璐璐在小的时候，我带着他出门，问路的事情都交给他。

一次在外面玩，他要去厕所，需要卫生纸。可我故意说没带，然后对他说："你自己想办法去解决这个问题。"他想了想跑进一家商店，对阿姨说："阿姨，我想上厕所，可是没卫生纸。您可以借给我一些吗?"就这样，卫生纸的问题解决了。

这虽然是一件小事，但足能锻炼他的胆量和解决问题的能力。

璐璐上四年级时我们去北京开颁奖大会，上公共汽车时人多，我对璐璐说："座位的事情就交给你了。"他提前站在最前面上了汽车，等我和他爸爸上了车，他给我们占到了座位。

点点滴滴的训练，都给孩子力量、自信，让孩子勇敢。

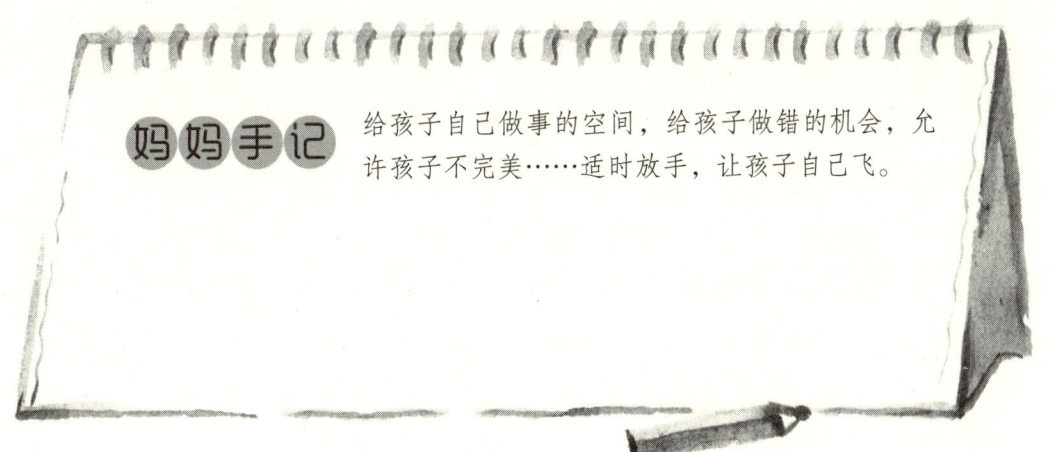

妈妈手记　给孩子自己做事的空间，给孩子做错的机会，允许孩子不完美……适时放手，让孩子自己飞。

做好这些，成就孩子

怎样的表扬与批评才能达到最佳效果

我在很多章节里提到要多表扬孩子，少批评孩子，这样可以让孩子自信十足。但要知道，表扬要恰到好处才能起到积极的作用，艺术性的批评也可以让孩子自信十足。

一、表扬和批评必须恰到好处才能起到积极的作用

（一）当众表扬

璐璐小的时候很少对客人说一些客气的话，或者主动关照客人什么的，哪怕是他自己姑姑家的妹妹。我知道这与我平时的表现有很大的关系。我这个人不喜欢说客套话，说了就去做，不想做就不去说。可是，现在的社会说些客套话是很有必要的，这也是一种礼貌的表现。为了让孩子学会一些应酬的方式，我就鼓励璐璐等姑姑家妹妹来做客的时候，多给妹妹夹些好吃的，多陪妹妹玩。开始的时候，不管我怎样说也无济于事，可妹妹倒很会做事情，她会给璐璐的爸爸夹饭，趁这个机会我就会特意去表扬妹妹。

小孩子肯定对别人得到表扬很是羡慕。有一次，璐璐的姑姑吃饭没有碗，璐璐便主动说："我去拿。"等璐璐拿回碗来，我就意味深长地说："哈哈，我们家璐璐终于会关心姑姑了，真是长大了！"璐璐听了有些不好意思，但我知道他心里一定是美滋滋的。当着那么多人表扬他，其实是在强化他这种行为的延

续性和持久性。为了能在众人面前保持这种形象，他会继续努力的。慢慢地，璐璐学会了关心他人，也学会了基本的交际应酬。这对于一个孩子非常重要，因为长大后他要离开家人，自己去生活。由此可见，当众表扬可以让孩子觉得自己很有面子，为了维护这种公众形象，孩子会更加努力地去做好。

我有一个学生叫小玉，他在课堂上很是调皮捣乱，我威逼利诱，想尽一切办法让他在课堂上少说话。我背地里跟他讲如果能坚持三堂课不说话，我就给他奖励。我知道不能要求太高，否则他会坚持不下来的，这是一种习惯问题，很难在短时间内改正过来。看在我的奖励上，他真的在我的督促下坚持了三堂课。在第三堂课的时候，我专门停下课来对大家说："同学们，你们说这几天咱们课堂上有什么变化？"当然，一向调皮的他一下子表现这么好，肯定能引起别的同学的关注。同学们便说小玉不说话了，在课堂上很遵守纪律，我也不失时机地说："对！小玉这几天进步很大，在课堂上不说话了。老师很高兴！我就相信小玉同学能做好，哈哈，老师终于等到这一天了。我说过，我很喜欢活泼调皮的学生，因为我小时候比你们要淘气，但是，我最后也改好了，就像小玉一样！"听了我一番表扬，小玉可得意了。我的当众表扬让他在同学面前找到了尊严，让他感到了无比的光荣，有一种很大的成就感。为了维护这种荣誉，他会尽量控制自己的情绪，去做给同学老师看，这样就会渐渐养成习惯。从此，小玉同学还会偶尔捣乱，但是跟以前比，已经有了很大进步。

还有一个孩子，他奶奶带着他来找我，一见到我就说了孩子一大堆坏话，什么上课做小动作啦，不认真听讲啦，调皮捣乱啦……任凭这个孩子怎样拽奶奶的衣角也没挡住奶奶的一番快言快语。我看了孩子的举动，听了奶奶的一番诉苦，无奈地摇摇头说："您以后可别这样说，孩子都淘气，我很喜欢淘气的孩子。您放心，孩子在我的课堂上一定会表现得很好的！你不信就看着吧。"然后，我转过头来，对那个还在不满意奶奶的孩子说："我们一定做到！好吗？"他看着我笑笑。

等奶奶走后，我对他说："奶奶那样说你，你一定很难受。老师想和你一起努力，争取不让奶奶再说你，你有信心吗？""有！"孩子的话很坚定。

可说归说，上课的时候，他肯定还会犯错的。我把他放在最前面，经常提问他，发现他做小动作时，就会及时提醒，尽量让他改正过来，但不去批评他。如果他做得不是太好，我就在下课时单独跟他谈话。这样几节课下来，孩子有了很大的进步。

又一次奶奶来接他，我专门把孩子叫过来，对着奶奶说："孩子进步了，上课没像您说的那么捣乱做小动作。他听讲很认真，还积极回答问题。跟您说的完全不一样，以后可不能再那样说他了！"奶奶听了似乎还有些不信，但脸上露出开心的笑容。孩子在一边得意扬扬地说："听见了吧！"从他的得意的举动可以看出，我把他在奶奶面前的坏形象改变了，同时也对我有了很大的信任，以后我说的话他会认真地听。

（二）表扬要有度

表扬可以激发孩子的上进心，但不是表扬越多效果就越好。

璐璐从小学习成绩很优秀，但是，我很少去表扬他。每当他考了第一名，我就会说继续努力，他有时候会抗议说："妈妈，你也不表扬我！"每当这时，我就会拍着他的小脸蛋儿意味深长地说："一个人的优秀在那里明摆着，不用表扬也存在啊！非得表扬出来吗？再说了，考好试是自己的事情，这是应该的，还用表扬啊？"就这样，璐璐渐渐地接受了我的这种态度，对表扬也不是那么热衷了。

我之所以这样做，是因为我想给孩子留下考砸的余地。考场上没有常胜将军，万一孩子没考好得不到表扬，那是一种多么失落的心情啊！再说了，我可以表扬孩子，别人可不一定表扬他。

有多少学生因为没有得到老师的表扬而对老师耿耿于怀，导致对老师怨恨、不满，然后跟老师唱反调。

越是优秀的学生，家长越要尽量少表扬，否则，以后一旦遇到挫折他就会很难从挫折中走出来。

小学的时候，优秀的孩子在老师眼里是块宝，老师处处维护他们，即使犯了错误也不去指出，经常把表扬挂在口边，让这些孩子从里到外都包裹着荣誉。可是上初中后，班里都是从各学校选拔出来的尖子生，都很优秀。在这样的班级里学习，不是特殊的优秀没人能看见你，更别说得到表扬了。在这个时候，有些孩子就会感到非常失落，觉得没人重视他，因而对学习失去兴趣。这也是一部分学生上初中后学习成绩不理想的其中的一个很重要的原因。

再就是过分的表扬会给孩子增加很大的压力。

璐璐在四年级的时候以小作家协会会员的身份参加了一次全国性不分年级的故事大赛。这个大赛非常正规，开始我根本没抱任何希望，在通知单寄来一个多月后，我在收拾书本时又发现了这个通知单，就想：寄一篇玩玩，重在参与嘛。因为参加比赛的大部分是初高中生，一个四年级学生连做梦也别想得奖。可出乎意料的是在暑假的一个上午，我们接到了一个电话说璐璐得了二等奖，奖金500元，并且在组委会的带领下可以免费游玩三天，我们简直不相信这是真的。接下来，我们全家去参加了颁奖大会，其中参加大会的有很多儿童文学作家。

当时参加比赛的有6000多人，一等奖5人，二等奖15人，璐璐就在这六千分之二十内。前一、二等奖的获得者除两名小学生外，其他的都是初高中生。在这之前，璐璐也得过作文比赛二等奖，但那是小学范围的比赛，跟这次不一样。这次获奖，璐璐得到了来自各方面的表扬，当然也有我的时不时的夸赞。

让我没想到的是，得到过多表扬的璐璐从此压力就很大了，以前随心所欲写作的状态不见了。自从颁奖大会回来后，璐璐轻易不下笔，可一旦下笔，一般都是好文章。虽然璐璐还是写了不少文章，但无形的压力让他感受不到写作的快乐。当我意识到了问题的严重性，也就慢慢地在他的写作过程中不提过多的要求来缓解他的压力。

这种表扬的尺度可以说很不好掌握，家长要在孩子不断成长的过程中摸索。说实话，我也很少看家教方面的书，我的教育教学的方法基本是自己摸索出来的。

我接触过很多孩子，经常有孩子在进步，有孩子在退步。在这个表扬与安慰的过程中稍不留意就会给孩子带来负面影响。尤其对那些成绩不稳定的学生，当他们进步的时候，我一般很淡定，因为我知道，他们下一次考试就有可能会退步。

一个初一学生在六年级时连续考了好几次重点初中都没有考上，因为心态不好，一考试就肚子疼，后来经过其他途径进了中学。然而在进入中学后，第一次月考竟然考了年级前60名。孩子高兴极了，一来我这里就把成绩告诉了我。我笑着说："老师很高兴！继续努力。但是你要胜不骄，否则下次考试可能会退步。"我之所以这样说，是因为我知道这个孩子心态不是太好，成绩肯定不会稳定，这样说会给她留下可以退步的余地，使她能够按部就班地学习，不要为了再次考好而紧张，以至于学习效果不好而导致成绩退步。

一个个案例告诉我们，过多的表扬除了会给孩子带来压力外，还会让孩子失去平常心，从而使表扬的效果大打折扣。

（三）表扬要具体化

表扬一个人一定要指出他值得表扬的地方具体在哪里，因为这样做可以强化他这样的行为习惯性。比如孩子作文写得好，一定要指出这篇作文具体好在哪里，是用词准确，还是内容具体等。这样详细地提出表扬可以让孩子在以后的写作中更注重这方面的提高，因为他最初的目的是为了再次得到表扬，在这种目的促使下，也就会慢慢养成了良好的写作习惯。

再就是孩子越是需要提高的地方，家长越要抓住时机极力表扬，哪怕是一次小小的进步，甚至是一个小小的想法或者动机，都要大张旗鼓地表扬他。

有一个三年级小女孩，妈妈第一次带她来的时候就说孩子很内向，不喜欢说话。

在上课的时候，我真发现这个孩子不喜欢说话，更别说主动回答问题了。接下来上课的时候，我就在课前跟她聊一些家长里短的事情，渐渐地，她敢在课堂上跟别的同学简单交流了。每当看见她跟别人主动说话，我就不失时机地大声表扬她说："同学们，你们发现了吧？现在佳佳很勇敢了，跟初来不一样了，她大方地主动跟你们说话了。"就这样，在我的大肆表扬下，这个孩子越来越爱说话，现在很活泼了。

这种夸张具体的表扬可以让孩子体会到这样做的快乐，然后，她会继续这样去做。

璐璐虽然在学前就可以读书看报，也听了我给他讲过不少故事，但是，在编故事的时候，好词好句却很少用进故事里。为了引导他，我在听他讲故事的时候，哪怕是碰到一个关联词语，我也会很夸张地表扬一番："儿子，你连关联词语也会用？这个词用进来，你的故事就更有味儿了！"

"妈妈，什么味儿？"璐璐很好奇地问。

"黄瓜炒鸡蛋味儿！"我跟他开玩笑。

璐璐开心地笑了。以后，为了这个黄瓜炒鸡蛋味儿，璐璐在编故事的时候尽量把好词好句用进去。当然，我也为了鼓励他拿出各种表扬的手法，开始的时候即便用错了，我也不去指出。就这样，璐璐在编故事的时候就自然而然地加进去一些好词好句，故事自然很精彩了。

表扬的具体化可以督促孩子在这个方面更加努力，更加优秀。

（四）表扬的另一种方式——肢体语言

表扬可以采取不同的方式，利用肢体语言来表扬孩子也会起到意想不到的效果。

最能体会这样做的效果是在我的课堂上。每当成绩好的孩子做得让我很满意的时候，我就会看着他笑着点点头，意思是告诉他你非常棒！如果是成绩比较不理想的孩子做得出乎意料的好时，我就会狠劲地摸一下他的头，虽然这些动作看上去有些不恰当，但是，那效果绝对不比口头表扬差。这样的方式虽没有热情洋溢的语言，但是孩子很明显感觉到了老师在表扬他，而且用了与众不同的方式。这时，他就显得特别兴奋，感觉老师很喜欢他，也就会更加努力地去做事情。

留给我印象最深的是一次比赛做题，那次，我出的题比较难，让孩子们挑战。一段时间后，第一个孩子做出来了。我看了他的答案很佩服他，可我没有去特意表扬他，反而让他伸出手，狠狠地打了他的手，说："对了！"嘿，这一打不要紧，孩子争先恐后地把题做出来，没等我说话，就主动伸出手来让我打，好像挨打就很光荣。让我更没想到的是，在我就要公布答案的时候，一个孩子来到我面前说："老师，你还没打我呢！"他的举动让我哭笑不得，但让我更进一步地了解了孩子们的心理。

从此以后，我会经常在孩子们进步、表现好的时候，轻轻地摸摸他们的头，拍拍他们的后背，这无声的语言既能激发孩子们的学习兴趣，又不会让孩子们骄傲。

家庭教育也一样，应采取不同的表扬方式来达到自己想要的效果。在璐璐表现好的时候，我会亲亲他的小脸蛋，从这个屋背他到那个屋，盯着他看老半天等，都是激励他继续努力的有效信号！

二、批评跟表扬一样需要技巧，需要艺术

经验告诉我批评比表扬更难掌握其中的尺度，说深了，打击孩子；说浅了，不起作用。而最有效的批评方式是先表扬，在一方面先认可他，然后指出他的不足，这样孩子可以接受。如果家长一开口就把孩子批得体无完肤，有的甚至还把陈年旧事搬出来，一起批评，这样的批评只能起到反作用，让孩子产生逆反心理。

经常会听到孩子们说："我妈妈真讨厌，骂我的时候把老账都翻出来一起算，烦死人了！"

我还见过有的家长骂孩子的时候会把孩子说得一无是处，有时甚至不分场合。最近看见一位奶奶站在大街上批评孙子考试没得100分。这些批评方式都是伤害孩子自尊的不可取行为，可以说很愚昧，这样下去甚至可以改变孩子的人生轨迹。

批评必须就事论事，点到为止，更多的是让孩子自己去想明白。在这基础上，必须保护好孩子的自尊心。

一次，一个学生对我说："老师，你对待'坏学生'实行的是间接批评的方式。我现在不说脏话了，我记住了您的话：说话要注意身份。"听了他的话，我很欣慰。

这个孩子很活跃，也让我很头疼，常常在课间说一些成人化的话语。我用眼神提醒过他，也告诉过他的话不恰当，但是效果不好，可我从没直接疾言厉色地批评过他。一次，我给他们开会，针对他的问题，我没有指明，而是对大家说："同学们，我们每个人都有每个人的身份，我们的言行要符合我们的身份。老师知道，你们现在还小，有时还不知道自己说的话是否恰当，但是，老师说完后，希望同学们在以后要多注意！"也许是这一番话起到了作用，这个孩子很少像以前一样肆无忌惮地说些说一些成人的话题了。

孩子犯错需要家长正确批评引导，但是，一定要注意不能伤害孩子的自尊心，否则，效果是零。

璐璐犯错的时候，我很少去骂他，都是让他看到犯错的后果后再去引导，这样才能让他口服心服地接受。如果璐璐哪里做得不对，我先是找到机会去表扬这方面做得好的孩子，然后再去批评这方面做得不好的孩子，再进一步跟璐璐讨论。小孩子都很聪明，家长的话他是可以听出来意思的，他能领会。这样的交流方式效果还是很不错的。

总之，孩子犯错很正常，家长要无条件接纳，然后去引导，而不是口不择言地去发泄自己心中的怒火。

妈妈手记 孩子需要表扬，更需要批评。但是，不是任何的表扬和批评都能达到它应有的效果。家长能做得恰当好处确实很难，但如果我们从孩子喜欢接受的角度、能够接受的角度去给孩子及时的表扬和批评，效果还是不错的。

跟老师沟通有技巧

老师，很长时间以来被人们称作是人类灵魂的工程师！是的，老师确实是在塑造很多人的灵魂，可是，不是每位老师的引导方法都适合孩子。所以，家长在跟老师沟通的时候一定要注意一些问题。

家长往往在教育孩子的时候，会遇到这样那样的问题，由于不少家长缺乏必要的教育经验和方法，很多时候在自己无能为力的时候，去请教老师，或者把改掉孩子的坏毛病的任务去交给老师。因此，不少家长一见到老师，就滔滔不绝地把孩子在家里的表现全全面面地倾诉给老师，希望能得到老师的帮助。

如果你遇到一位有方法的老师，老师会根据孩子的情况去尽量帮助孩子。但是有很大一部分老师不懂孩子的内心世界，他们习惯用强迫、威胁的手段去解决问题。结果是治标不治本，改变只是暂时的，或者根本就没改变，甚至是比以前更严重了。

我有一个学生的妈妈为了能让学校老师帮助自己把孩子教育好，她把孩子在家的一切缺点告诉了老师。结果，在这以后的一天，老师当着全班学生的面，指出了这个孩子的缺点，意图让孩子有所改变。结果这个孩子的自尊心受到极大的打击，回家大哭一场，跟妈妈也更逆反了，甚至连学也不想上了。

还有一个家长非常通情达理，很支持老师的工作。一次，孩子犯错误被老师找家长，这位家长主动要求老师惩罚自己的孩子，以达到警示的效果。然而，让这位家长没想到的是自己的通情达理，换来的竟然是老师经常批评自己的孩子来给班里的其他孩子看。

像这样的事情还有很多。所以，家长在跟老师沟通的时候，不要在老师面前把孩子说得一无是处。否则，你的孩子就会给老师留下很不好的印象，从此，老师就会留心发现你家孩子的缺点，而忽视孩子的优点。同样的孩子犯了同样的错误，而受到严重批评的是你家的孩子，这样，你家的孩子就会不服气而产生逆反心理。久而久之，逆反形成习惯后，孩子的缺点就会被放大。家长也不要对老师说"该打该骂您看着办，我不会生气的"，倘若，真遇到一位真打真骂的老师，我们的孩子就更逆反了。

　　如果自己的孩子有缺点，做家长的首先不要大惊小怪。人无完人，大人如此，何况孩子！再说了，孩子有些缺点也是他成长中的一个美丽的插曲。要想让孩子认识到，我们家长自己首先要从自身出发去寻找问题的根源，看看自己是不是孩子的榜样。如果家长做得没问题，就去慢慢引导孩子，不要讽刺挖苦，否则会适得其反。

　　如果家长自己解决不了，需要老师帮忙，在跟老师沟通的时候，首先要跟老师说出自己孩子的优点，然后再把缺点说出来。最多一次说一个，千万别一说一大堆。因为，当你说出孩子一个缺点的时候，老师看到的是他更多的优点，如果你说出一大堆的时候，有的老师会觉得这个孩子该好好收拾了，有的老师会失去信心，觉得这样的孩子没救了。

　　教育孩子要懂得孩子的心里在想什么，跟老师沟通也要有一定的心理知识，家长要相信老师能把孩子教育好。当你把孩子的缺点告诉老师后，要及时反馈孩子在家里的变化，即使改变不大，也要跟老师说孩子进步了，要谢谢老师。这样会给老师很大的成就感，老师对孩子的教育也更有信心了。之后，老师就会去表扬孩子的进步。孩子得到表扬，也就得到了正确的指引方向和有效的激励，他就会按照老师的表扬内容去做给老师和家长看。

　　在跟老师沟通的过程中，最忌讳的就是家长当着孩子的面说孩子的缺点和不足，这样会让孩子很没自尊，同时孩子会觉得自己已经在老师面前没有了好印象，很可能破罐子破摔。

再就是跟老师沟通以后，家长对孩子也不要和盘托出。有时一个"善意的谎言"更能激发孩子，甚至产生意想不到的效果。

璐璐上小学的时候，每次开家长座谈会回来，璐璐就会迫不及待地问老师说了他什么。我在回家的路上已经想好了如何回答他。我首先强调的是老师说了："你不完成作业不去外面玩。"其实，老师根本就没跟我谈起这样的话题。可是璐璐听了可高兴了，以后每天回来就会跟我说："妈妈，我今天完成作业才出去玩的。"这种强化会逐渐让行为成为习惯。如果老师告诉我璐璐哪里有什么缺点，我就会告诉璐璐，老师说他这方面做得还可以，如果再努力一些，那就更棒了。这样的说法不仅不会让孩子觉得自己在老师那里有多么不好，反而会激励他加倍努力表现得更好，以此来得到老师的认可。

然而，有的家长听了老师对孩子的反映后，回家非打即骂，甚至添油加醋地将缺点扩大化，让孩子感到每次家长座谈会后就要大祸临头。长此以往，孩子就会失去对老师的信任，他会觉得老师是叛徒，老师的话自然也不会去听 。

家长跟老师沟通的目的不是为了发泄，而是为了帮助孩子健康快乐地成长。老师不是救世主，也不是万能的，不可能帮助你解决任何问题。作为家长一定先要自己不断成长，才能使孩子更好地成长。

妈妈手记 跟老师沟通可以说是家长要做12年的事情，不是每次沟通后孩子就会有很大的转变。在跟老师沟通前最好要了解老师，注意自己的说话方式，给老师信心！既不居高临下，也不卑躬屈膝。

允许孩子犯错

金无足赤，人无完人。成人如此，何况孩子！

允许孩子犯错，让孩子在犯错中成长。

（一） 打架

三年级的时候，璐璐因为同学之间不正当的竞争，把同学拦在路上不让回家，结果，那同学家长找上门来。

那位妈妈很生气，见我就抱怨。一开始我跟她善意沟通，其间璐璐为了辩解插了话，这位妈妈不满意了，说璐璐没教养。听了这句话我心里很不是滋味。这时围观的邻居很多，我想：看来这个架不吵是不行了。于是，我的态度也发生了改变，和她开始了激烈的辩解，其实我心里知道是璐璐的错。当那位妈妈气哼哼地带着她的孩子离开后，我对璐璐说："今天，我们做得不对，首先你不应该放学把人家拦在路上，其次，妈妈也不应该跟人家吵架。我觉得妈妈应该跟人家道歉。"璐璐听了我的话，连忙说："不道歉！他还对不起我呢！""不行，这是解决问题的一个很有效的方法。"然后，我拨通了那个孩子家的电话，给那位家长道歉，璐璐在一边听着。这件事后，我告诉璐璐靠打架和吵架是解决不了问题的，有矛盾应该相互沟通。我没有对璐璐进行严厉的批评。孩子打架很正常，不必大惊小怪，重要的是要让孩子学会处理事情与矛盾，学会如何去避免矛盾的升级。

（二） 搞破坏

让我最难忘的是璐璐在四年级时的一次做手工，竟然把我好端端的毛毯剪坏了。许多家长可能会就这件事而大发雷霆，将孩子拽过来猛批猛打，其实这严重伤害了孩子破坏性创造的天性。有时，换一种思维方式，允许孩子在破坏物品的前提下创新出新思路，也不失为一种积极的教育方式。

璐璐把毛毯剪得支离破碎，却完成了自己心仪的口袋制作，虽然有点儿大材小用，但他毕竟在破坏中找到了创造的快乐。这一点，是值得的，对我而言，也只有允许。

说实话，那么好的毛毯被剪很可惜，可是看着那个可爱的小口袋，对于璐璐的错误我无法追求，于是只是简单的说教。现在想起他犯的这个错误还不由得笑起来，觉得这个破坏是值得的。

（三） 偷东西

回老家是璐璐最喜欢的事情，每次回去玩得都很开心。有一次璐璐上三年级的时候，我带着他去姐姐家做客。我正在跟姐姐聊天，璐璐回来了，气喘吁吁、得意扬扬地拿着个袋子说："妈妈，我偷回小果子了！"说着，把袋子打开，只见袋子里装了不少小果子。这时，璐璐得意地说："妈妈，他们没我偷得多！因为我摘得最快！"能看出来，他很兴奋，虽然是偷回来的，但根本就不知道这件事做错了。我能给他定个偷的"罪名"吗？

我笑笑说："妈妈小时候偷豆角被人家逮住吓得尿了一裤子。你没尿裤子？"

"没有，那个人一喊，我们就跑了，差点把袋子掉了。"

"还敢去吗？"

"不敢了！"璐璐摇摇头拿着袋子跑了。

不是小事，是偷东西！可我没有发脾气，因为他根本就不知道偷的性质是什么。只要他知道这是不对的就可以了。

可知道又起什么作用？五年级暑假璐璐再一次回到老家度假。那时，正是甜瓜成熟的季节。一天中午，璐璐在一帮小朋友的"带动"下决定去偷瓜。他们在那里策划了半天，打算先埋伏在玉米地，等主人一走就冲出去摘瓜。他们的话被我听见了，为了让璐璐尝到偷东西的教训，我派弟弟告诉了那个种瓜的主人。

中午，艳阳高照，这几个孩子出发了，我没有阻止。看着他们兴冲冲的背影，我"嘿嘿"笑了。

一段时间后，璐璐回来了，上气不接下气。我急忙问："怎么了？"

"妈妈，吓……吓死我了！"璐璐断断续续地说。

"遇见坏蛋了？"我问。

"没有。我们偷瓜被发现了。那个人一个劲儿地追，偏偏追我。要不是我跑得快，肯定被追上了！"

"偷的瓜呢？"

"我们刚进地，那个人就从玉米地里窜出来了。我们见了站起来就跑。"璐璐手舞足蹈地比画着。

我意味深长地说："嗯，要是真偷了瓜，说不定会把你逮住，那样，妈妈就有可能被人家罚钱了。"

听了我的话，璐璐长长地舒了口气。我接着说："想偷，明天再去！"

"我可不敢去了！让他逮住还不打我？"璐璐一边擦汗一边说。

我差点笑出来，一本正经地说："看来偷东西是一件很危险的事情。怪不得我小时候那么淘气也不敢去偷东西呢。"

（四）蛮不讲理

这件事情发生在璐璐上二年级时。璐璐一直喜欢溜溜球，这一天，他的愿望终于实现了，我给他买了几个。璐璐爱不释手，连上学也带着。一天放学后，璐璐回家对我说："妈妈，我的溜溜球坏了，吴小凡帮我修去了。"我问："那为什么你自己不修呢？"一向动手能力很强的璐璐很不自信地说："我没修过，怕修坏了。

吴小凡已经坏过好几个了，他说他能修好。"

第二天放学回来，璐璐一进门就拿出三元钱说："妈妈，吴小凡把我的溜溜球修坏了，我让他赔了三元钱。"我看着他手里的三元钱，真是哭笑不得。

我问："为什么让他赔三元钱？"

他头一歪，似乎有些理直气壮地说："谁让他给我修坏的！"

我笑笑说："人家为什么给你修？不给你修可以吗？"

璐璐有些迟疑，但还是蛮不讲理地说："反正是他给我修坏的，就得赔我！"

"那这吴小凡可就是费力不讨好，帮助别人还把自己的钱也赔进去了。"我带着无奈的语气说。

"那怎么办？不让他赔，我就没溜溜球了。"璐璐似乎认识到了自己的错误。

"想要溜溜球，妈妈再给你买，但是不能伤害同学之间的友情！人家好心帮你，结果还赔钱，是不是说不过去？"我嬉皮笑脸地说。

"那怎么办？"璐璐问。

我说："明天妈妈去送你上学，咱们再买一个溜溜球，然后把钱还给吴小凡。"

第二天，我带着璐璐把事情解决了，并向吴小凡道了歉。

（五）顶天立地

男孩子天生活泼好动，璐璐也一样。从一年级起，璐璐就经常被同学告状。上课回头了，被女同学告诉了老师，被老师罚站；下课跟同学在教室里嬉闹了，被女同学告诉了老师，被老师罚站……

开始的时候，璐璐很委屈，回来跟我说："妈妈，小丽今天又把我告老师了，老师又让我罚站。"

"那为什么呢？从自己身上找找不足。"我很同情地说。

每当这时，璐璐就跟我说出事情的原委。我很相信璐璐，因为他很少说谎。

听了他那些不是原因的原因，我很无奈，但还是对璐璐说："以后注意一些！尽量不让其他同学告状。"嘴里这样说，心里想：能做到不被告状比登天还难！

可我没有去批评璐璐，因为我不能让自己的孩子在学校里一动不动，那样跟傻子有什么两样？宁愿璐璐被罚站，也绝不控制他的行为。那么怎样才能安慰璐璐呢？突然一天一个词出现在我的脑海。

又一天，璐璐回家又委屈地对我说："妈妈，今天，我在课间跟吴小凡玩，小丽又把我告了老师，老师又让我罚站了。"

我想了想，意味深长地说："我觉得被罚站时就像一个巨人，有顶天立地的气势。"璐璐听了我这个解释还真的高兴了。从此以后，每当璐璐罚站回来，就兴冲冲地对我说："妈妈，我今天又顶天立地了！"我听了就会笑笑说："顶天立地的时候，一定要反思自己哪里做得不对！"

随着年龄的增长，孩子长大了，告状也减少了。在四年级的时候被罚站的情况就很少了，五六年级更少了，几乎不再被罚站。

对于璐璐犯错我没有严厉地批评，他也可以认识到自己的错误。允许孩子犯错误，让他在教训中学习做人，学习生活。教育要无痕，越是这样的教育对他们的影响越深。

妈妈手记 一个人活着，不可能不犯错，更何况是孩子！家长要正确对待孩子犯错，给孩子犯错的机会，善于接纳孩子的错误，然后去引导。在错误面前，家长要冷静对待，循循善诱，让孩子知道犯错的危害性。

家长的态度影响孩子的考试与成绩

每次考完试，孩子、家长议论最多的就是成绩。有的家长因为孩子考得不理想，就会大发雷霆，甚至剥夺孩子一切娱乐的工具。考得好的家长会惊喜万分，要么吃大餐，要么买昂贵的东西来奖励孩子。

可家长是否知道这样做的严重后果？考场跟战场一样，没有常胜将军。这次考好了，你去奖励，下次考不好，就去惩罚，这样的态度对孩子的成长没有任何好处，久而久之孩子就会产生考试焦虑症。

我有一个学生，平时成绩很好，在小学的时候，如果考好了，全家人乐得不知如何是好，奶奶奖励，爷爷奖励，叔叔婶婶奖励，妈妈更是高兴得恨不得告诉所有人。他们这样的举动给孩子带来很大压力，生怕考不好连邻居也对不起，没脸去见人。每次考完试，他就会跟我说考试的时候肚子疼，当时我没在意，以为就是身体上的不舒服。可后来，经常这样说，我就怀疑他是不是害怕考试。

一次区里数学竞赛，这个孩子因为心态不好，结果没进入全区前30名，回来又告诉我考试时肚子难受。接下来的区重点初中选拔一次次失败。

还有个孩子，每次考好了，家长集体奖励；考不好，家长集体讨伐。一次，这个孩子没考好，他奶奶一听成绩就打了他个耳光。孩子跟我说的时候，泪眼汪汪的。他告诉我，每次考试前都睡不着。小学生至于吗？都是怕考不好过不了家长这一关。这样的心态延续下去，等真正参加高考的时候不败才怪呢。

像这样的学生现实中有很多。有一个现在已经上大学的学生，在小学时遇到一个很严厉的老师，这个孩子胆小，每当遇到难一些的题，大脑就会一片空白。她很聪明，做事情很勇敢，可一到考试就生病，嘴里会出很多泡，生怕自己考不好，这种心态一直延续到高中，结果本来优秀的她没有考上一所理想的大学。

经历过很多学生，遇到过许多类似的问题，成人不正确的心态会给孩子造成也许是终身的影响。成绩只能考查孩子一个阶段的学习状况，它决定不了什么！家长不能太过重视，要以平常心看待，这样孩子的心态也才会放平和。

璐璐从小品学兼优，可也不是常胜将军。每次考第一名，我只是用欣赏的眼光看着他说："不错！"开始的时候，璐璐就会很委屈地说："妈妈，人家考了第一名，妈妈都会给奖励的。可我考了第一名，你什么也不奖励我。"看着他可爱的样子，我淡淡地说："考试是你自己的事情，考第一名也是你应该努力的目标。为什么要奖励你？当然，你考出好成绩妈妈也很高兴。"就这样，在以后考好的情况下，璐璐再也不要求我奖励他了。

倒是偶尔考不好的时候，我就会带着他去买好吃的。这时，璐璐就会问我："妈妈，我考不好你不骂我，还给我买好吃的？"我用同情的眼光看着他说："是啊，你考不好已经够不开心了。妈妈还能骂你啊？买些好吃的安慰一下我的大儿子。"听了我的话，璐璐就会说："妈妈你真好！下次我一定考好！""谁也有马虎的时候，努力就行了，不要非得考好！"我的话给了璐璐很大的放松空间。

我的这种态度，让璐璐不会有很大压力，他不怕自己考不好，但也不是不求上进。有一次，璐璐连续考了四个99分后，回家把扫帚拿给我，趴在地上说："妈妈，你打我吧！"看着璐璐那可爱又可怜的样子，我急忙把他抱起来说："不一定非得考100分！尽力就行了。"

我的宽容的态度给了璐璐强大的力量，这种力量一直鼓励他好好学习，从不为考不好而担惊受怕。璐璐在小学毕业时以最优异的成绩考进了全区最好的初中，初中毕业时超常发挥，比平时多考30多分。

家长的态度决定孩子的心态，可大多数家长不以为意。有多少孩子在考试前紧张得睡不好觉？他们常常跟我说："老师啊，又要考试了，我很害怕！"当试卷发下来时，一部分高兴得手舞足蹈，因为要得到奖励了；一部分却愁眉苦脸，等着家长收拾。还记得，一个孩子跟我说过这样一句话："老师，这几天我出门连头都不敢抬起来，怕邻居问我分数。"孩子这种心理的产生与家长有着极大的关系。

每当孩子成绩不理想时，家长就会训斥个没完，什么丢人啦，钱白花了，谁谁都比你好啊……这一连串刺耳的叫骂声难免会在孩子心中留下阴影。这个阴影会一直陪着孩子，使孩子整天提心吊胆，很不开心，这样的学习状态只能使孩子恶性循环。

小学成绩是否优秀不能决定高考成绩！但不少孩子因为分数，其学习兴趣被家长一步步扼杀在小学里。因为几次考不好，他们被家长戴上一顶顶高高的帽子，什么笨蛋了，死脑筋了，不会想问题了……就这样，孩子在不断的批评中找不到学习的乐趣，然后自暴自弃，干脆不去好好学习。

小学学习重在养成习惯，培养孩子的学习兴趣，过分追求分数只能是事与愿违。

再就是对待考试的问题。考试说白了就是做几道题，可有的家长好像对待多么重大的事情。考前特意给孩子做好吃的，嘱咐孩子认真做题、好好检查等，并伴有"考不好看我怎么收拾你"的恐吓。家长过分强化考试的重要性，孩子自然也不敢轻视，视考试如老虎，从而导致考试紧张，发挥失常。

璐璐每次考试，我都很少过问。考前我会跟他一起玩，好让他放松心情。平时，我也会弱化考试的重要性。小孩子的心理健康很重要，因为它会跟随孩子一生。璐璐中考那天早上，我连床也没起。他自己起来吃过饭后，摸摸我的头说:"妈妈,今天我考试,你也不安慰安慰我?"我半开玩笑地说:"怕自己考不好啊?考去吧。"他也"嘿嘿"一笑说:"一定不辜负你的期望!"说完,自己走了。也许我这样有些过分,但是有什么不可以吗?那超常发挥的30多分是白来的吗?

而有的家长平时对孩子要求苛刻,到考试的时候也想给孩子减压,于是在考试前三天就说:"儿子,别紧张,尽力就行了。"可是考完试后,如果不满意就把孩子收拾一顿,这样的减压起作用吗?

现在孩子们的压力本身就很大,家长再不给孩子做后盾,孩子小小的心灵会受不了的。看看那些新闻吧,这儿的孩子跳楼了,那儿的孩子离家出走了,哪个孩子的悲剧与家长没有很大的关系?

家长要想让孩子有健康的心态,首先要把自己的心态放平,这样才能使孩子用正确的态度去对待考试和分数。

妈妈手记 孩子的心理健康对孩子的成长非常重要。在现在竞争如此激烈的环境里生存,如果没有一个健康的心理状态,孩子很容易出现这样那样的问题。所以,家长一定要做孩子强有力的后盾,让孩子在一个轻松的状态下学习、生活。只有这样,孩子才能正常发挥出自己的潜能,健康快乐地成长!

兴趣培养需要注意的几点

如果一个孩子的兴趣爱好很广泛，那他的生活也会丰富多彩。所以家长有必要根据孩子的喜好培养孩子的一些技能。有的家长认为兴趣爱好会影响学习，只要学习好就可以了，这种想法显然是错误的。

很多章节都介绍了璐璐学习的优秀，其实，他的兴趣爱好也不少。

璐璐在刚刚有羽毛球杆那么高的时候，我就开始训练他打羽毛球；下象棋早在学前就学会了，尽管下得只能战胜我；踢足球那就更别说了，从会走路就有了足球为伴。在璐璐学前的时候，我就每天早上带着他跑步，等他上小学后，他就每天早上自己先去跑一圈才吃饭上学去。璐璐四岁时学习书法，五岁时获得过银奖。

还记得那次参加比赛，璐璐在老师的桌子上写参赛作品。当时，四周围了一圈家长看他写字，他那娴熟的运笔，让家长们无不摇头赞叹说："这么小的孩子，写得这么好！"

七岁的时候，璐璐见邻居家哥哥学习外语，他也非得去。当我带着孩子来找老师的时候，老师一看孩子这么小，就说："等他长大了再来找我吧。"说完就不再理我们了。因为当时像璐璐这么小的孩子根本就没有学习英语的，老师也认为璐璐不可能学会。

可是，既然璐璐想去，我就支持他。下一次上课的时候，我带着璐璐又去了。老师见我们这样执着，就答应让璐璐试试。

因为喜欢，璐璐学习起来非常开心。学习回来，他就跟邻居哥哥一起写作业，晚上会坐在我的腿上读课文。等下一次上课，老师让学生们读课文的时候，璐璐第一个举起手，然后熟练地读了出来。老师很是吃惊，惊讶于一个这么小的孩子怎么能学得那么好，要知道跟他一起学习的学生最小也是三年级了。

　　就这样，璐璐每次给老师读课文，都能得到老师的表扬。璐璐一直跟着这位老师学习到三年级，以后再也没去上过课外英语补习班，可他的成绩非常棒！

　　为什么现在有些孩子在上过的时候非得家长逼，老师督促、惩罚才能完成作业呢？这与家长的态度有很大的关系。

　　璐璐在学英语的时候，我对他没有要求，只是在他不会读单词的时候教给他，抱着一种顺其自然的心态陪着他学习。而现在有的家长，陪着孩子学习时，看见别的孩子比自己家孩子读得好，就会批评孩子，甚至是在家长会时当着全班同学的面批评。即便孩子进步了，家长也不去表扬，而是告诉孩子还不如最好的那个孩子读得好。这样，孩子一直在努力，可一直得不到认可，渐渐就失去了学习的积极性。

　　璐璐上二年级时开始学习电子琴。我从不像其他家长那样逼着他弹，我的态度只是让孩子玩玩，而不是希望他成为音乐家。所以，璐璐在弹琴的时候就不会有压力，会很开心地弹。

　　而我接触过的不少家长，在孩子学习过程中，不是嫌孩子弹得不认真，就是说孩子弹得不熟练，久而久之，孩子弹琴的热情逐渐被家长给浇灭了。

　　兴趣爱好只是为了让孩子的课外生活更有意义，而不是学习一门技能就非得让他成名！

　　璐璐的兴趣很广泛，每次的节日庆祝大会上，都能看到他弹琴的身影；运动场上，他是主力军，可以短长跑，也可以110米跨栏，还得过全区二等奖；辩论会现场，他唇枪舌剑，为学校赢得荣誉；学校的广播里，可以常常听到他那蹩脚的"唐山普通话"；英语现场比赛，有他那紧张的开场白……学校的活动没有他不参加的，没有我不支持的，而他的学习成绩照样优秀。

孩子的成长需要各方面的锻炼，课本知识不能代替一切！现在的生存能力重于一切，这个能力要从日常生活中的一点一滴开始锻炼，既让孩子的生活丰富多彩，也让孩子的能力不断地提高。

这种能力会无形中带给孩子一种自信，有了自信的孩子才有成长的动力。也许在孩子小的时候体现得不是太明显，但是，随着年龄的增长，这种能力、自信会促使孩子去做好很多事情。璐璐后来的出色表现完全可以证明这一点。

妈妈手记　想让孩子喜欢读书，就经常带孩子逛书店，给孩子读故事，家长自己也要看书；想让孩子运动，家长每天带着孩子锻炼；想让孩子喜欢音乐，就经常跟孩子一起欣赏歌曲……让孩子对一切都充满向往，而后引导，那孩子自然就很喜欢了。但是记住一点，无论干什么都不要强迫孩子，指责孩子，否则，到头来孩子对什么都没兴趣了。

做孩子的大朋友

经常听到一些高年级孩子的妈妈说孩子不听话，家长甚至要看着孩子的脸色说话。年级越高，这种现象越明显，其主要是在孩子小的时候，家长对孩子管教太多，指责大于表扬，不理解孩子造成的。

孩子小的时候会对家长的话唯命是从，但是，随着年龄的增长，孩子有了自己的主见和观点，会排斥家长的话，尤其是命令、警告和指责，这时，家长就会难以接受，殊不知，这样的后果是家长自己一手造成的。

家长要想让孩子一如既往地听你的话，就要在孩子成长的过程中做孩子的大朋友，站在孩子的角度去考虑问题，做孩子的后盾。

(一)走进孩子心里

走进孩子的心里，才能与孩子进行心与心的交流。

【故事一】 我在老家当代课老师时，遇到这样一个孩子：他很淘气，连男老师上课他都敢捣乱。老师拿他一点办法都没有，说起来就头疼。那一年，他成了我五年级毕业班里的一员。

第一次上课我就先下手为强，不等他捣乱，就把第一个问题交给他来回答。也许是受宠若惊，也许是因为我问了他问题不好意思再捣乱，第一堂课他很安静。下课时，我当着全班同学的面表扬他说："老师们都说你比较淘气，可老师发现你上课非常认真听讲！老师很喜欢你！"他听了我的话，脸红了，不好意思地低下了头。

自习课时，我把他叫到办公室，对他说："咱俩谈谈心吧。"他睁着大眼睛看看我没说话。

我问："你的成绩不理想，为什么？"

他说："我不会。"

我问："那你平时问老师题吗？"

他答："不问。"

"为什么？"我的态度很温和。

他没回答我。

我继续说："老师愿意帮助你！不会的来问老师，咱们一起努力！"

言谈中，我没再提他淘气的事情，只是告诉他我愿意帮他。一贯接受批评的他在得到我的尊重后，显得很激动。其实人都是有感情的，不论年龄大小。

以后上课的时候，我经常会问他问题。做题时，我会走近他身旁去特意指导他。

就这样，这个孩子别说在课堂上说话捣乱了，就连自习课我不在的时候，他也从不说一句话。在这件事上，连校长都佩服我。

【故事二】 一般培训老师只负责讲课，除了在课堂上惩罚淘气、不完成作业的孩子，其他的根本不管。

而我却不然，我常常想：家长把孩子送来，说明很信任你！在知识培训的同时，如果能让孩子在其他方面也能得到提升，那不是一件一举多得的事情吗？因此，我在跟孩子们接触的时候，会观察他们言行，如果哪个孩子哪里做得不恰当，会影响以后的成长，我就会去直接或者间接地帮助他们。很多时候，家长会对我说"孩子很听你的话"。

一个初中毕业的女孩子没考进重点高中，在家长能帮助她走进重点高中的情况下，她非得坚持选择本地的一所普通高中。家人很发愁，都愿意让她进一所好的高中去学习。可是，在努力劝说将近两个月后，孩子还是坚持自己的选择，报了到，买了校服做好上学前的准备。

就在开学的前一天，她来看我，说想我了。下午一点她带着西瓜走进我的家门，一进门，就看见她的脸红红的。

我们开始谈了一些别的问题，然后很自然引到她的学校问题。我给她讲了选择重点学校与普通学校的区别等。在不到两小时的谈话后，她毅然决然地决定上重点！

我问她："你心甘情愿了？"

她点点头说："嗯！"

我继续问："不后悔？"

她很坚定："不后悔！"

我舒了口气说："赶紧回家去，让你妈妈去找人，明天就要开学了！"

听了我的话，孩子急匆匆地走了。第二天，她来电话告诉我："老师，如果第二天再去找人家，就不可能再进去了。"

她奶奶问我："老师，你跟她说了什么？我们家长亲戚朋友劝了两个月都不管事，你一会就说服了。"她奶奶很感谢我，很夸张地说是我"救"了她家孩子。

现在孩子在学校学习得很愉快。

以上这些案例中，我说的话其实家长也说了，那为什么孩子不听家长的，却能听进我说的呢？原因主要是孩子跟家长之间有隔阂，不信任家长，因为家长长期站在自己的角度去考虑孩子的问题。

别看我是老师，在与孩子们交往的过程中，其实完全充当着一个大朋友的角色。我们一起抢好吃的、唱歌、谈心等，当孩子们犯错误时，我不会去伤害他们的自尊心，而是想办法去改正他们。当然了，我也有河东狮吼的时候，他们虽然很怕我，但从不逆反，这是有原因的。

举一个简单的案例。一次，一个比较淘气的男孩子在课堂上说话。我已经提示过他好几次了，但他还是嬉皮笑脸的。我当时很生气，就很不客气地大声阻止他。这一吼，伤他自尊了，于是，他瞪着眼睛对我说："你为什么不说他们？只说我？"

学生跟我在课堂上干仗，不管我是不是正确，我一定把他"打倒"后再道歉。这是我做老师的原则，因为如果一旦让孩子胜利了，那这个孩子就会把他的这种胜利看作是一件很伟大的事情，然后他就会用到其他场所、其他人身上。

鉴于这样的原则，我又提高一个分贝大声把他吼得一言不发，接着，他哭了，他知道自己跟我顶嘴错了。看到这样的情景，我的语气缓和下来，说："有自己的想法，老师很喜欢，也很赞成！但是，要学会跟长辈沟通的方式，解决问题不是靠声音高！当然，对于你们，老师不会生气，因为你们跟老师时间长了，对老师就像对妈妈一样，会在老师面前撒娇。但是，跟别人就不可以了！在公共场合公开跟老师大声说话是很没礼貌的。咱们可以抗议老师的不公平，但是抗议的方式有很多种，比如下课后跟老师解释，写纸条告诉老师等，都能很好地解决问题！"

我的一番话把孩子们说得都很感动，那个孩子哭得更厉害了。

不管是老师，还是家长，我们要给孩子犯错误的机会，考虑孩子的感受，不要因为孩子一次的错误就对孩子横加指责，不顾孩子的自尊，不管孩子是否能够接受，否则，孩子的心会离你越来越远。

我就是凭这样的态度对待我的孩子们，理解我的孩子们，所以他们很信任我，关键时候，我的话他们一定会接受。当然，能得到孩子们的信任不能只靠语言，还必须有行动。

【故事三】　我们生活在外地，亲戚朋友很少，每逢节假日，别人家的孩子都有玩伴儿，而我的璐璐只能是羡慕。所以，我一直是璐璐的大朋友，我们一起踢足球、看电影、读故事、写文章、唱歌等。

我们一起玩，一起谈心，不管发生什么事情，我们都一起承担。璐璐犯错的时候，我从不过多的用语言去指责他，而是让他自己看到教训，让他自己去思考。

在小学的时候，璐璐就对女生有好感了，我没有把这种现象引申为早恋，而是站在朋友的角度去跟他分析问题。因此，他特别信任我，有什么心里话总会跟我说，让我帮助他化解一些自己难以处理的问题。

在生活学习中，不管璐璐遇到什么问题，我都会做他的后盾，给他力量，所以孩子在遇到困难时，没有那种绝望感，能够在我的鼓励下很快站起来！

以上三个故事，发生在三个不同的环境。不管在哪一个环境，只有你走进孩子心里，孩子才能真正认可你，信任你，他的心里话才会说给你听，你的话他才会考虑接受。

妈妈手记 家长只有站在孩子的角度去考虑问题，做孩子的朋友，走进孩子的内心深处，跟孩子做心与心的交流，孩子才会接受你的语言，接受你的指令，接受你的想法。居高临下的姿态，威风凛凛的指责，不可反抗的命令，只能孩子离你越来越远……

优点越找越多的好方法

要想让自己的孩子更优秀，那就要多找孩子的优点。家长只要稍微用心就会发现：优点会越找越多。为什么呢？其实找优点的过程就是一个心理暗示和强化的过程。

一个成绩很差的男孩子来我这里学习。开始他根本就不按我的思路走，写作文和课堂练习的时候，想写就写，不想写就东张西望；我讲课的时候，他独自玩。

课外阅读是我训练孩子的一个很重要环节，每次上课前我都会问问孩子们看书了没有，看了什么书等。这个孩子还算聪明，为了给自己不写课堂练习或者作文找个合适的理由，每次来的时候带一本书，别人写作业时，他看书。

我没有去阻止他，而是很郑重其事地表扬他说："你真棒！这么喜欢看书，老师很喜欢！"听了我的表扬，他高兴极了，而且得寸进尺，干脆理直气壮地说："老师，我看书！"

就这样，其他孩子做练习题，他看书。渐渐地他对阅读真正的产生了浓厚的兴趣。据他妈妈反映，孩子回到家里也非常喜欢看书。

为了能引导提高他看书的质量，我在课堂提问的时候经常找他回答问题，只要他能流利地把话说完，我就会表扬他说："哈，不愧看了那么多书，你的语言表达能力非常好，用词也很漂亮！"我的表扬会让他得意半天。就这样，他在我讲课的时候渐渐不怎么玩了。我知道，他不是对我的课有兴趣，而是专门为了回答问题。有时候，他不听课也要举手回答问题，可是站起来时，不知道要说什么，就问我："老师，你问了什么？"

我说："不告诉你！你要自己听明白再举手。"

为了在课堂上大显身手，他只好认真听课了，回答问题时尽量用好词好句，开始的时候有很多地方用错，但我并不去指出，反而会表扬他："你不仅用词漂亮，问题回答得也很棒！可以看出，你小子上课听得多么认真！"

后来他上课就不再玩了，而是认真地听课。这个过程很不容易，但是取得的效果很明显。

听课问题解决了，还有一个写作的问题需要引导，我在寻找机会。

一次，我在课堂上问了一个问题后说："这次的机会将留给所有同学，大家把要回答的内容写在本子上，老师检查，然后自己把自己的答案读出来。"我怕他不写，只好采取这个方法。

我在观察着，一听写作，他有些皱眉。可当他听到要公开读出来的时候，他的脸上露出笑意，便破天荒地拿出笔说："老师，我也写！"

我故意装出不在乎的样子说："爱写不写！"

"我可不上你的当！"他还有些得意，说完，便写了起来。我暗自高兴。

等他念完自己的作文后，我摇着头说："好家伙！没想到你写得也这么好！我一直以为你只会说，不会写，可我想错了。好！坐下。"

他在学校里总是老师批评的对象，听到一句表扬比登天还难，所以，我每次对他的表扬，都会让他万分激动。今天，他又发现自己写得也很棒，自然很高兴了。

接下来的课堂回答问题我故意还让孩子们笔答，当然，他每次都能得到我的表扬，但我没有去强迫他写。

一次，写作文前，我对正要看书的他说："要不，你今天也试试？我觉得你能写好！"他看看我，笑笑说："好吧！"说完就去书包里找稿纸，可找了半天说："老师，我没有纸。"

"自己想办法!"我说。

他向别的同学借了纸便开始写了起来。那次，他写得不多，我看了说："写得很棒! 就是有些少。不过第一次能写这么多就很不错了! 小子，加油!"

就这样，我的苦心没有白费，从那天开始，他在课堂上会主动写我留的作业。有时看着他不愿意写，我就主动说："你今天可以不写，继续看书。"我给他留足空间，让他在我面前一直保持进步的形象。

通过这个孩子的转变，我们可以看出孩子的优点可以靠成人激发出来，也就是找出来。

我在课堂上经常采取这种方法来找孩子们的"优点"，结果就是孩子们的优点越来越多。

教育孩子要懂孩子的心理，每个孩子都喜欢得到别人的认可和赞扬。如果家长总是只去发现孩子的缺点，并且很强硬地指出来让他去改正，长期如此，有可能产生负面效应。因为家长在指出孩子这样那样的缺点后，孩子会觉得自己哪里都不好，甚至可能觉得不会得到别人的喜欢，于是干脆就破罐子破摔了。

这是我教学中的一个真实的案例，家长看过后，要从中去思考一些教育的理念、方式，然后去找适合自己孩子的方法。

妈妈手记 一个孩子一个个性，别人的经验只能做参考，是否能起到作用，家长要灵活应用。但一定要注意的是，不管采取哪种教育方式，都要把保护好自己孩子放在第一位! 不要因为孩子的一个缺点，就把孩子批评得一无是处! 要多发现孩子的优点，挖掘孩子的优点。

早恋不可怕，性的涉及也可有

（一）早恋有那么可怕吗？

不管是小学生家长，还是中学生家长，大都会谈"早恋"色变。早恋真的那么可怕吗？

孩子跟庄稼一样，有自己的成长规律，长到一定阶段去喜欢一个人是件值得高兴的事情，家长们不必过于大惊小怪。

璐璐三年级生日那天，他从学校高高兴兴地回来了，一进家就拿出一个月牙形的挂链，得意扬扬地说："妈妈，这是小艳送我的生日礼物！"可以看出他是多么的激动。说着拿起挂链给我指着一处模糊的画痕说："你看，这里还有一个'情'字呢！"我仔细一看，上面还真的有一个细细的"情"字。当时我心里那个高兴，觉得我的儿子长大了，开始对女孩子有好感了，同时也感觉到问题的"严重性"，心想：如果引导不好，会出问题的。于是，我便顺着他说："嗯，还真有一个'情'字！妈妈告诉你，这份同学情我们可得珍惜，一定要把这个礼物保存好！等你长大了，看的时候会有美好的回忆！"我的话音刚落，璐璐就争辩说："不是同学情！"我听了又好笑又无奈，笑着说："那还有什么情？我现在还没发现。不管什么情，我们都得珍惜。"璐璐听了我的话，什么也没说，但他可以看出来我并没有反对他。说完这些，我就把那个挂链挂在他的脖子上说："妈妈跟同学一起祝你生日快乐！"璐璐戴着挂链摸摸绳子，再摸摸那个小月牙儿，怜惜极了。我在一边看了忍不住笑了。

这一挂可不要紧，连睡觉也不摘了。我想：这样会不会影响他的学习？我得想办法让他摘下来。一天，我看看那个小月牙儿说："璐璐，你看，这个小月牙儿没有原来亮了，因为你戴它的时间长了。礼物应该珍藏起来，如果天天戴着会坏的，你说是不是？"璐璐看看那个月牙儿，觉得有道理，就摘下来放在一边。毕竟是小孩子，璐璐摘下的挂链根本没有珍藏起来，随便放在桌子上，好长时间也不去理它了。有一天，我一本正经地对璐璐说："你看你，同学的礼物就这样随便放在这里不管了。妈妈给你保存起来。"直到现在，那个挂链还在我那儿。

可以说这是璐璐的一个"早恋"插曲，可是我没有去强化它，更没有给孩子灌输"早恋"二字。同时，为以后能听到璐璐的心里话打下了一个很好的基础。要想了解孩子，必须做孩子的朋友，遇到问题先站在孩子的角度去想问题，然后才能走进孩子心里去跟孩子交流，进而可以及时发现问题，及时解决问题。

这是早恋吗？其实大多数孩子只是简单的模仿，他们根本不知道什么是恋爱，而家长老师看到这样的事情却非常紧张。有很多老师在课堂上告诉孩子们不要早恋，早恋的害处有多少等。家长更是小题大做，阻止孩子跟异性朋友 交往，这样一折腾，本来孩子们简单的内心世界也开始变复杂了。因此，发现孩子可能对异性产生了喜欢时，做家长的要淡化他们的这种意识，而不是强化。

璐璐品学兼优，各方面都很优秀，学校里的老师学生几乎都认识他。节日的舞台上有他弹琴时的投入，学校的广播里经常有他抑扬顿挫的声音，操场上有他为班级频频夺冠的身影。他的作文经常是老师读的范文，他还经常发表文章，考试常常名列前茅等。因此，同学们都很喜欢璐璐，也都喜欢跟他玩，尤其是女生。

自从上次的"礼物事件"后，我便开始留意起璐璐的小心思。我会偶尔问："儿子，在班里，你最喜欢谁？"我这样的问话会让璐璐知道我不反对他喜欢女生，假如有的话他可以告诉我。

四年级的一天，璐璐对我说："我喜欢我们班小玲。"那时，孩子还小，说话就那么直接。我一听就哈哈大笑起来，用鄙视的语气说："喜欢女生很正常！可你喜欢了半天，眼光很平庸嘛……"还没等我说完，璐璐就迫不及待地插话了："她考不上好初中，我就跟她一起去普通中学上学。她要是没工作，我给她找！"一个小屁孩子竟然说出这样的话，我简直惊呆了，但仍感觉他单纯率真得可爱。我没有为璐璐的话感到惊慌，反而为这个孩子这么小就会想这么复杂的问题而高兴。我笑着说："你会改变你的想法的！""为什么？"璐璐问。"这不可能，你自己会知道的。"我很自信地告诉他说。

虽然璐璐说这样的话，可从来不影响学习，说过去拉倒了。这是早恋吗？我认为不是，因为他根本就不懂恋爱是什么。一个四年级学生说起这样的话竟然连脸也不红，说得那么理所当然，和喜欢小动物一样直白真诚，所以自始至终我都没有说出"早恋"这两个字来。

此后，我就会经常跟璐璐开玩笑说："现在还喜欢小玲吗？今天我在市场又看见她爸爸妈妈了！哈哈哈……"每当说到这里，我就莫名其妙地笑，璐璐被我笑得有些不好意思了。渐渐地，璐璐再也没说过喜欢那个女生，我也就不再提起。

五年级时，璐璐也喜欢过一个特漂亮的小女生，他只是跟我经常说起这个女孩子，没像四年级时那么直接，我知道璐璐真的开始长大了。我会常常告诉他，孩子跟庄稼一样，该长叶子就长叶子，该开花就开花，这是成长的必然规律，谁都一样，包括妈妈，所以遇到什么事情不要大惊小怪，坦然面对。璐璐看的书多，懂得的道理也多，他也能明白我的意思。

孩子在一天天长大，璐璐的思想也在不断变化。六年级时，他常常回家跟我说他们班一个女生经常回过头来看他，每当他跟别的女生嬉闹时，那个女生就用眼睛瞪他。我就告诉他可能那个女生喜欢他。每当这时，我就会很自豪地说："儿子，一个人要是优秀，喜欢他的人就很多！妈妈为你高兴！继续努力，让更多的人喜欢你！"

六年级毕业的时候，璐璐拿回了全班集体照。我看着照片问："儿子，女生里你最喜欢谁？"璐璐找了半天，指着一个女生说："现在我就暂时喜欢她吧。等上了初中再说。"听了璐璐的话，我差点笑得喘不过气来，然后说："好吧！就暂时喜欢她！"

上初中后，璐璐这种思想好像一下子被忙碌的学习生活赶跑了，再也没听过他说喜欢哪个女生。倒是有女生给他写纸条的事情，他会回来告诉我。初三的时候，常有女生给他果冻，他带回来说："妈妈，这是小亚给我的果冻，你吃了吧。"他说得很自然。"你为什么不吃？"我问道，但璐璐没说什么。

初三的时候，有一个女生放学后经常喜欢跟他一起走。璐璐就回来跟我说："妈妈，今天那个女生又跟我一起走了，我躲也躲不开。""那怕什么？同学之间一起走有什么不好？当初我上学的时候，我们男女生之间很封建，谁也不跟谁说话。可我就不一样，每当上课前，我坐中间，周围围了一圈男生跟我说话，谁也不说我们闲话。自己做好了什么也别害怕。"从此后，璐璐再也没跟我说起这样的事情。

我这一路引导过来，虽然璐璐在不同阶段喜欢不同的女生，但是，在我的淡化和"支持"的引导下，璐璐并没有早恋，更没有因为这个而影响学习。

倒是在高二的时候，璐璐真喜欢上了一个女生。他回家告诉了我。为此，他经常静不下心来学习，很想向那个女生表白。那一段时间，每天放学回来，他就说："妈妈，我们谈会儿心吧。"一谈就是这个女生。这个时候，孩子已经是成人了，我就拿他当大人看待，说这方面的话就直截了当了。我告诉璐璐："喜欢一个人要为这个人负责任！妈妈不希望你这个时候向她表白，因为这个时候正是人生很关键的时候，心情对学习非常重要！你跟她如果开始就是初恋。初恋是一件很美好的事情，它会给人留下一生的记忆，而一旦失恋，那种痛苦一下子不可能忘掉，就会很影响学习，害了她，也害了你。你们高二了，马上就要高考了，把这种情感先放在心里，自控！你自己想想，妈妈不给你做决定。"通过我的引导，璐璐最终没有表白，过一段时间后就安心学习了。在节日，那个女生生日的时候，我会督促璐璐给那个女生发短信祝贺。

璐璐现在高三了，马上就要高考了，而他从未因为早恋而影响学习。

在这个问题上，我把璐璐整个学生生涯的情感过程几乎都写出来了。因为，早恋问题一直困扰着孩子、家长、老师，如果处理不好，就会产生严重的后果。家长要理解自己的孩子，多站在孩子角度去想问题，跟孩子做朋友。这样，你就会走进孩子心里，孩子不会排斥你，就会把遇到的问题及时告诉你。然后，家长和孩子一起解决，免得让孩子走弯路。

通过我长期观察，小学阶段的孩子们都是一种模仿、玩闹，他们说起话来肆无忌惮，好像说游戏那么大方，旁若无人。这时家长不必惊慌，旁敲侧击进行引导，跟孩子建立朋友关系，为以后真的进入青春期的情感萌动而做准备。千万别灌输这是早恋什么的，否则，可能就会起反作用。

有一个学生在小学时就大张旗鼓地告诉我，他们班女生非常喜欢他。可是，初中高中时，他却再也没跟我说过这样的话，也没有恋爱过。

小学生转变最明显的是在六年级，这个时候的孩子们简直到了不可理喻的地步。可是，一上初中，孩子就会发生很大的变化，感觉一下子长大了。所以家长不必在小学阶段把一些"问题"看得很严重，把孩子自己都闹得很不开心，这个时候的"早恋"没那么可怕。

（二）不可忽视的性教育

性教育在咱们这个很传统的国度很少有家庭涉及，其实很有必要让孩子简单知道一些这方面的东西。否则，随着孩子的长大，他的好奇心就会与日俱增，如果得不到正确引导，他就会从不健康的渠道获取一些这方面的知识。

璐璐在很小的时候就问他是从哪里来的，我在一直回避这个问题。我越是回避，他越是想方设法想知道。一次，我告诉他是从我肚子里拿出来的，他刨根问底地问："怎样拿出来的？"我说："把肚子划一个口子，就拿出来了。"听了我的话后，他没再提起这个问题，可是还是能看出来他有很多疑问。

那年，璐璐上三年级，正值他姑姑和他舅妈在同一个月份里生孩子。我们大人在家里的议论被他注意到了，他要利用这个突破口揭开他心中一直的谜。那天，他一本正经地问我："妈妈，老姑和舅妈生孩子为什么不一样？"我很纳闷："有什么不一样？""那你们为什么说老姑是剖宫产，而舅妈是顺产？"听了璐璐的话，我知道瞒不过去了，否则，更多的谎言会更加引起他的好奇心。于是我想了想说："剖宫产是在肚子上划一个口子把孩子拿出来。""不等我说完，璐璐就问："那顺产呢？"我停顿了一下说："顺产就是从妈妈的九九（这是我们从小对生殖器的特别称呼）里拿出来。"璐璐听了我的话说："我就知道不一样。"但从此后，他再也没有问起过。

对于人体方面的认识，我是从看电视开始对他进行教育的。我有时故意跟璐璐看一些模特表演，或者素描人体画。开始的时候，璐璐会说："没羞！"我就面无表情地说："有什么羞的？每个人身上的器官都一样，这有什么羞的？这是艺术。"就这样，我偶尔会和璐璐看一些这样的节目，璐璐也就没刚开始那样的不好意思了，觉得这是很正常的事情，以后在报纸杂志里接触到这样的内容从没感到有什么异样。

现在的电视节目可以说很少没有亲吻、拥抱、床戏的镜头的，除非不看，一看就会有这样的画面充斥你的视线。说实话大人坐在一起看也有难为情的时候，这对孩子来说更是一个很大的挑战。

每每看到这样的镜头，璐璐一开始的反应是大呼："妈妈，又亲嘴了！不看！""为什么不看啊？这是艺术，又不是不好的事情，要不人家还不上电视让全国观众看呢！每个人长大了都会这样的。"我也不能说太多，只是想让他知道这很正常。以后每当遇到这样的镜头，璐璐就会说："妈妈，艺术！"不再觉得很吃惊。但是，我还是尽量避免孩子接触这样的画面，毕竟里面有很多成人的行为，不适合孩子看。

总而言之，大人不要太过回避，越是回避，孩子就会越好奇，越想知道。家长不要对这些东西太敏感，用平常心看待。如果有条件还可以跟孩子一起看一些专业的性教育方面的书籍，但是必须得把握好尺度！

妈妈手记 孩子在长大，对异性产生爱恋是一件值得家长开心的事情。家长不要把它看成是洪水猛兽，只需用正确的方法去引导，这个过程会给孩子留下美好的回忆！感情是自然产生的，不是你想控制就可以消失的。所以，家长要以科学的态度对待这些长大的问题，跟孩子一起度过这个特殊时期，陪孩子一起长大。

暗示给孩子带来的利弊

我的这本书稿里写的是我的教育，用发生在我身边的一个个真实而普遍存在问题的案例来阐述教育的内涵，让看到这本书的家长确确实实从中受益。

璐璐曾经对我说过这样一句话："妈妈，其实每个孩子都是好孩子。如果不好了，都是被家长和老师骂的！"说这句话的时候，璐璐上初三。一个孩子都能做出这样的总结，说明道理是显而易见的。这让孩子变坏的罪魁祸首就是否定暗示。

从教20多年，接触了很多的家长，他们有一个相同的特点就是总是打击孩子学习、做事的积极性，否定孩子的进步，给孩子随意扣帽子。这些家长当然很想让他们的孩子优秀、出类拔萃！但殊不知"严打"之下，孩子毫无积极性可言，离成功越来越远。

"妈妈，我考试得了90分！"孩子很兴奋地告诉妈妈。

"还有脸说，人家XXX考了95分。"妈妈的话让孩子瞬间无语。

"妈妈，这次考试没考好，得了80分。下次一定要考好！"孩子想得到妈妈的鼓励和安慰。

"哼，知道你也考不好！没想到你这么差！"妈妈的话比刀子都锋利。

"妈妈，这道题我不会做。"孩子向妈妈求助。

"你笨不笨啊？人家XXX做作业从来不让家长帮忙！"妈妈连题看也没看就河东狮吼了。

"老师啊，我孩子可笨了，比别的孩子反应慢，我看是没希望了……"妈妈不顾身边的孩子，在大庭广众之下口无遮拦地跟老师反映孩子的"问题"。

……

以上的对话我想大家一定也听到过不少。像这样的家长能把孩子带好才怪呢！

暗示孩子，孩子会跟着你的话发展下去；否定孩子，会让孩子自信全无，积极性会严重受挫！

（一）暗示的力量

一次，一个家长告诉我，她去学校开家长座谈会时，老师说她孩子反应慢，字也写得不工整，作文写得不理想……总的来说，孩子一无是处。

"你告诉孩子了没有？"我问她。

"告诉了呀！"她不假思索地回答。

我摇摇头，告诉她这样做对孩子很不利。心理暗示对一个孩子非常重要！如果孩子知道老师对她这样的评价，心里就会产生自卑感，遇事不敢积极表现，渐渐就会失去学习的积极性。

教育是一件很复杂的事情，一不小心就会产生副作用。可有些家长肆无忌惮地给孩子加上一顶又一顶的帽子，压得孩子喘不过气来，久而久之，孩子就失去了学习的动力。

当年，我给孩子开完家长座谈会回来，首先告诉孩子老师表扬了他。为了强化他课上认真听讲和及时完成作业的好习惯，我就说："老师表扬你上课听讲特别认真，而且只要作业没完成就不出去玩。"他听了非常高兴，以后放学回来经常会告诉我在学校里怎样按照我说的去表现。其实老师并没有那样表扬他，只是我编了假话，目的是想给他一种心理暗示，引导他，让他知道怎么做才能得到老师的表扬。

当老师反映孩子有需要提高的地方的时候，我们家长也要通过一种适合孩子心理特点的沟通方式告诉孩子：先表扬，让孩子首先觉得自己是个好孩子，然后再告诉他哪里需要进步。家长语气要和蔼，要采取商量的态度，这样效果会更佳。比如，"儿子，老师说了，如果你在纪律方面做得再好一些，你会更棒！妈妈觉得你能做到！你说呢？要不咱们试试？"这样的沟通方式孩子能够很愉悦地接受，觉得家长和老师都对他充满信心，同时也得到了鼓励。这样既不会给孩子心里留下阴影，又可以激励孩子去努力做好。

现在，我会经常把自己的这种方法告诉学生的家长。在我的教育教学中，取得了不错的效果。

我列举一个非常典型的心理暗示的案例。

我的课堂不是填鸭式的满堂灌，而是启发式的引导教学，课堂上竞争的气氛很热烈，需要孩子自己不断动脑筋，想办法才能获得知识。孩子们来我这里学习常常需要一段适应期。刚来的孩子很想留给老师很好的印象，所以做题的时候难免有些紧张，再加上学习方法的不适应，常导致自己不能如愿。

一次，三年级奥数智力开发班上，孩子们在我启发和引导下竞争得如火如荼。其中一个孩子看上去很紧张，也很着急，生怕自己做不出来，结果，做错了。当我看着他的题摇摇头时，他看上去很失望！"没事的，你能做出来的。"我鼓励他说。

接下来为了给他信心，我出了一道同样类型的题，他做了半天还是没做出来，他又一次失望地低下了头。

我知道他是紧张，为了鼓励他，我又出了第三道题，题型跟前两个完全一样。

可是，他又做错了。当时，正值暑假，孩子不断擦着汗，眼光怯生生的，看上去毫无信心了。当我看他本子的时候，他说了一句："老师，我又错了吧？"当时，我在心里打起了小鼓，心想：如果再让他失败一次，会给孩子带来很大的打击，就会失去刚来的学习积极性，不妨说一次假话。于是，我故作惊喜状，大声说："这次对了！哈哈，我知道你能做对！只是你前两次做得太快，马虎了。"说完，我摸了一下他的头以示鼓励。他听了我的话长长地舒了口气。这道题，我没有给孩子们讲，我怕露馅儿，紧接着就出了第四道题。

第四道题跟前几道题的题型也一样，只是换了内容。这在我的课堂上是很少见的，不是万不得已，一节课出同样的四道题不是我教学的风格。可是今天则不然，我为了给这个孩子信心，为了把孩子的紧张除掉，只能这样。当第四道题出来的时候，那个孩子信心十足地拿起笔认真地做了起来。结果出乎我的意料，这次真的对了。

也许你不信，但这就是事实！因为当孩子两次见别人能做出的题，而自己却做不出来时，觉得自己不如别人，这种心理暗示让孩子失去了信心，思维完全冻结了。当得到老师的表扬后，孩子找到了信心，认为不比别人差，只是因为马虎而做错了，所以接下来做题就会认真思考，做对也就顺理成章。

这个案例发生后，我进一步认识到心理暗示对一个孩子是多么的重要！

还有一次，一个爸爸带着女儿来找我。这个爸爸看见我就一副苦不堪言的样子，摇着头说："这个孩子反应慢，写字也慢。我真是拿她没办法了！"一般的孩子如果听到家长跟老师说他们的坏话会极力阻止，而这个孩子一脸的无所谓，好像不是说她一样。我心里想：看来这个孩子是默认自己慢了，否则会反抗的。

她上的第一次课是作文课。写作文时果然像她爸爸说的那样，比别人慢很多，人家写出两页的时候，她刚写出半页多。接下是数学课，虽然她做题是慢一些，但并没有像她爸爸说的那样反应慢。

我通过观察，发现她的动作和说话不像是一个慢性子的人，做数学题虽然没别人做得快，可是理解能力还是不错的。我感觉这与她爸爸经常这样暗示她有着直接的关系。

第一次课我什么也没说。第二次上课的时候，我对她说："我觉得你能把字写快！不信，你试试。"

"老师，我快不了！我写得就这样慢。"她一本正经地说。

"能！我发现你不像个写字慢的人。"我很自信地说。

可是，我的话说了等于没说，这次写作文她跟上次写得差不了多少。

第三次上课的时候，我想：必须得让她知道自己真能写快。

那一节课，我带着孩子们做了游戏后开始写作文了。当她写了题目和开头时，我问她："知道接下来该写什么了吗？"她抬头看看我说："知道了。"

"好！那老师看看你，究竟能不能写快。写！"我站在她身边看着她。

她开始写了，一板一眼写得很规矩。

"再写快些！"我催她。

"那字就写乱了。"她头也不抬地征求我的意见。

"不怕！有啥写啥！"我鼓励她。

听了我的话，她写字的速度快了起来。不一会儿，写了好几行。

"谁说你写不快？这不是写得很速度吗？"我半开玩笑说。

"我爸说我写得慢！"她撅着嘴说。

"你爸这话有问题！老师看人最准！"我用肯定的语气说。

她没再说什么，继续快写，我便不再监督，也没再去鼓励她。可是，等收作文时，她写的内容还是跟上两次课差不多。我没有批评她，反而肯定她说："你自己也知道能写快。如果写不快，那就得赖你自己了。不过，从慢到快必须有一个过程，老师给你时间，相信你一定能写得跟别的同学一样快！"

以后在写作文前，我就提前说："写快写慢，决定权在你的手里。老师不管。"听了我的话，她刚开始写的时候会很快，可过一会儿就慢了下来。总的来说，她写的内容在一次次逐渐增多了。等她能写一页多一些的时候，我就对着全班同学的面大声强调："大家看，小青在进步！"同学们也说纷纷说："是比以前写得多了。"

就这样，在我不断地暗示和鼓励下，现在这个孩子每次写作文都写得很快，很多，不比别人差，有时比其他学生都写得快！数学进步也很快，一次，做一道比较有难度的题时，班里只有她做出来了。她的爸爸看到这样的进步高兴得合不拢嘴。我常常当着孩子对她爸说："孩子慢吗？"听了我的话，那孩子高兴得直蹦。

一个个真实的案例告诉我们，暗示可以是一个孩子的指路明灯！家长们不可忽视。

（二）否定与肯定

与很多家长交流过，发现有很多家长不懂教育，甚至他们在孩子学习的过程中有时会帮倒忙。

一次期中考试后，一个孩子比上一次进步了。他妈妈来接他的时候，我故意表扬说："小龙进步了！"

"进步啥呀，他们班最高分98！"他妈妈很遗憾地说。

本来刚才满脸堆笑的孩子一下子脸沉了下来，好像做错了什么。

像这样评价孩子，孩子永远也尝不到成功的喜悦，渐渐地也就会失去学习兴趣，因为无论他觉得再怎么努力也得不到妈妈的肯定。

在我的课堂上，只要去认真思考的同学都可以得到我的表扬。

一次，我们数学题竞赛，为了锻炼孩子们的思维能力，我给了他们很长的做题时间。结果，有的做出来了，有的没做出来，可他们都得到了我的表扬。我说："做题是为了开发智力，多动脑筋。只要你们去认真想问题了，你的大脑就得到了很好的训练，这就达到了老师的目的，与是否做出答案没关系！"孩子们都得到了我的肯定，以后在做题时，个个争先恐后想办法。只要我不喊停止，他们会一直想办法做下去。

我曾带了一个33分的学生单独上课。因为家里妈妈生病在上了四次课后他便回家了。在辅导他的时候，为了激发学习积极性，我答应只要他进步，我就给他买礼物。期末考试，他考了38分。

见到他妈妈后我拿出50元钱（我没时间给他买礼物），说："这是给孩子的奖励。"中午，这个孩子打来电话说："老师，谢谢您！我考了那么少，你还给我买礼物！"

"你进步了，老师想给你奖励！"我告诉他。

"谢谢老师！我以后一定要再努力！"他说得很坚决。

我是个不服输的人，包括辅导学生。我既然答应了带这个孩子，我一定把他带出成绩再交给他的妈妈。否则，我不甘心！后来，我重新带了这个孩子。尽管他学习基础很差，但是，他的学习积极性很高，而且很自信。

"小玉，你有信心吗♂"我问。

"有！"他的声音比我的还高。

这就够了！我们不能期望一个基础很差的孩子一下子有多么大的进步，只要他喜欢上了学习，我们就可以肯定给孩子，给他力量，做他的后盾。

妈妈手记 心理暗示在教育过程中会起到意想不到的作用。积极的暗示会使孩子产生积极的心态，消极的暗示会使孩子失去该有的信心。家长不要吝啬自己的表扬，多给孩子以肯定的暗示，鼓励孩子找回自信。有了自信就有了动力，就有了行为的力量！

第五章

单亲教育

在工作中，我接触过很多单亲家庭的孩子，这些孩子变成单亲的原因不一样，但是他们相同的是都缺少关爱。但凡这样的孩子跟我学习，除了在经济方面给予他们照顾外，我会对孩子们分外关爱。

　　当然也有孩子也因此而得到家人更多的爱，但这种爱很多时候是溺爱。

　　有些爸爸妈妈离婚后，他们觉得愧对孩子，就拿物质金钱来弥补孩子，有求必应。可是他们不知道在离婚给孩子造成伤害后，他们对孩子的溺爱进一步把孩子带向偏执。又或者隔代亲人的宠爱有加，凡事代替……孩子表面上得到很多温暖，可实际上得到的是成长路上的绊脚石。

　　大人有求必应，久而久之会让孩子很任性，一旦达不到要求就会引起孩子的不满，因而产生负面情绪。家长不是万能的，而欲望是无止境的，这样发展下去，对孩子的健康成长很是不利。

　　另外，大人之间的恩怨不要说给孩子听。有的家长因为夫妻之间的怨恨，也为了争取孩子的爱，而把对方说得体无完肤，让孩子去怨恨自己的爸爸或妈妈。他们哪里知道，这样会在孩子心里埋下仇恨的种子，孩子就会在怨恨、痛苦中长大。这对孩子是一件多么残酷的事情！

　　一个孩子的爸爸妈妈最近要离婚了，这个孩子每次来上课的时候，就对我说："老师，就跟你一个人说，你可别跟别人说。"接下来，他说了妈妈的坏话，还说爸爸不让他去姥姥家。我问他："想去吗？""想去！"孩子看上去很可怜。

　　几天后，我给他爸爸去了电话，告诉他：不要在孩子面前说妈妈的坏话。告诉孩子，爸爸妈妈的事情是大人的事情，与他没有关系，不管爸爸妈妈怎么样，都会爱他的。妈妈是好妈妈，只是跟爸爸在一起会产生很多不愉快。为了爸爸妈妈都好，才决定分开一段时间。这样，孩子就不会去恨妈妈，否则，孩子的心中就会充满恨，他就会很不开心。我还告诉他不要拿孩子做砝码，大人的事情自己解决，不要牵涉到孩子！毕竟妈妈是给了他生命的人！他接受了我的建议，然后说："我会关心孩子的，他要啥我就给他买啥。"他的最后一句话让我又陷入另一层担心，要啥买啥，这是正确的爱吗？

一个孩子妈妈在他很小的时候就离开了，他是由奶奶带大的。一次写作文让我对他有了一些了解。

那次作文课，我让他们写妈妈。这个孩子就写妈妈狠心离开他后再也没回来看他。他很羡慕别的孩子能有妈妈的爱，等他长大了也不去找妈妈，因为他恨妈妈！

看了他的文章，我觉得孩子很可怜。为了能让他消除心中对妈妈的恨，我在他的文章下写了这样一段话：妈妈离开你有妈妈的苦衷，不要怪妈妈！因为她是给你生命的人，你要感谢她！等你长大了，会去找妈妈的，她是你永远的亲人！发作文时，我对他说："记住老师的话！"他点点头。

同样是单亲，不同的情况会导致孩子们的内心世界完全不一样。

一个女孩子，在她8岁时爸爸出车祸去世了。妈妈把她带得开朗活泼，通情达理。我常常想：这位妈妈真棒，能把孩子带得这么优秀！为此，我常常会在各方面照顾她们。然而，也是在一次作文课上，我发现了问题。

那一次，我给学生出了一个作文题目《我的爸爸》。不一会儿，一个孩子递给我一张纸条。我打开一看，上面写着：老师，小彤没有爸爸。她的善意提醒让我茅塞顿开，突然间我有些后悔出这个题目，觉得自己没照顾到学生的心理。当我走近她时，只见她的脸红红的，本子上写了四个字"我的妈妈"。当时我的心里很不是滋味，从她红红的脸蛋可以知道她好像不能正确面对爸爸去世的这件事。于是我把它放在心上，决定帮助孩子走出这个困境，当然不能盲目行事。

一次，她妈妈跟我交流孩子的学习情况。我便说出那天的情况，说出我要帮助她的想法。她妈妈说："我正想让您帮助这个孩子呢，她一直不能面对她爸爸的离去。"接下来，她跟我讲了关于孩子跟爸爸感情很好的很多事情，还说这个孩子总也不让别人说起这件事情。听了她妈妈的话，我心里有了底，决定马上行动。

找了一个休息时间，我把她叫过来。她跟我很亲近，一见我就笑呵呵地问："老师，你要做什么?""咱们两个说说话。"我笑着说。

她坐在我的旁边，我俩说了一会儿班里学生的是是非非后，进入了主题。

"小彤，今天我想跟你说件事情，一直想说，但是没有恰当的时间。其实我犹豫了很长时间，但还是决定说出来。"我的话很严肃，她停止了嬉皮笑脸，问："什么事?"

我叹了口气，停顿了一下说："老师就直说吧。上次老师让你们写《我的爸爸》，你却写了《我的妈妈》。当时你脸很红……"我说到这里时，小彤又低下头脸红了。可她什么也没说。

"老师知道你很想爸爸，但是这已经是事实，不能再挽回，我们一定要勇敢地去面对。有些东西不是你能选择的，天灾人祸谁也预料不到。既然发生了，就要去接受，就要去坦然面对。否则，你会很不开心。"我一下子说了很多，她低头听着，没有表态。

我继续说："那天老师看到你红红的脸，心里很不是滋味。老师希望你能正确看待这个问题，让自己走出来。其实你是个很阳光的孩子！老师也希望你更开心！听见了吗?"她听了我的话点点头。

为了检查我这次谈话的效果，过了一段时间后，我决定再写一次《我的爸爸》。让我欣慰的是，她看上去跟上一次判若两人，一脸的坦然，很专心地低头写着。当我再一次走进看她时，本子上写出了《我的爸爸》。我心里的石头落了地。

初中的时候，为了减轻妈妈的负担，她主动接受了通过学校牵线的一位企业家的资助，还接受了记者采访。当时她妈妈并不愿意，怕影响孩子的心情。

可这个孩子彻彻底底走出来了，她并没有受到什么影响，她的坦然面对让她少了痛苦，更深刻地认识一些问题。她长大了！

　　单亲家庭的孩子存在各种各样的问题，做家长的不能忽视。他们大多数比较内向，不勇敢，很自卑，好像家庭的不完整是一件很丢人的事情。这种心理很不正常，可是有几个家长懂得如何关注孩子的心理呢？他们以为用钱可以弥补自己的对孩子的伤害，而这样做的实质是错上加错。

　　一个孩子在爸爸妈妈离婚后，爸爸妈妈给的钱花也花不完，这还不算爷爷奶奶给的。有了钱，他请同学吃饭，上网吧等，养成了一些坏习惯，影响了学习。孩子毕竟是孩子，他的自控能力是有限的，或者说根本就没有自控能力，家长给的钱只能给他为所欲为提供条件。

　　单亲的家庭，各有各的无奈，但最受伤害的还是孩子。所以，家长不能在伤害他们一次后，以不正当的爱的方式去再次伤害他们。爱，要从心里出发，关注孩子的心灵，让他们健康快乐地成长。

妈妈手记

越是单亲家庭的孩子，越需要加倍疼爱，但不是溺爱！家长要从心理上去关注他们。因为这时的他们不缺钱，缺的是父母的陪伴，切身的关爱。单亲家长尽量不要把孩子推给长辈照料，来自父母亲的照顾，才最让孩子有安全感。

图书在版编目（CIP）数据

与儿子一起成长:妈妈当好培训师/孙翠珍著.
—济南:山东文艺出版社,2014.11
ISBN 978 - 7 - 5329 - 4750 - 8

Ⅰ.①与… Ⅱ.①孙… Ⅲ.①家庭教育 Ⅳ.①G78

中国版本图书馆 CIP 数据核字(2014)第 181853 号

与儿子一起成长
—— 妈妈当好培训师

孙翠珍　著

主管部门　山东出版传媒股份有限公司
出版发行　山东文艺出版社
社　　址　山东省济南市英雄山路 189 号
邮　　编　250002
网　　址　www. sdwypress. com

读者服务　0531 - 82098776(总编室)
　　　　　0531 - 82098775(市场营销部)
电子邮箱　sdwy@ sdpress. com. cn

印　　刷　山东临沂新华印刷物流集团
开　　本　710 毫米 × 1000 毫米　1/16
印　　张　12.5　插页/2
字　　数　160 千字
版　　次　2014 年 11 月第 1 版
印　　次　2014 年 11 月第 1 次印刷
书　　号　ISBN 978 - 7 - 5329 - 4750 - 8
定　　价　30.00 元